N&K

Judith Giovannelli-Blocher

Der rote Faden

Die Geschichte meines Lebens

Nagel & Kimche

Der Verlag dankt
dem Swisslos Kultur Kanton Bern

SWISSLOS | Kultur Kanton Bern

für die freundliche Unterstützung

1 2 3 4 5   16 15 14 13 12

© 2012 Nagel & Kimche
im Carl Hanser Verlag München
Herstellung: Andrea Mogwitz und Rainald Schwarz
Satz: Satz für Satz. Barbara Reischmann
Druck und Bindung: Friedrich Pustet
ISBN 978-3-312-00499-7
Printed in Germany

 MIX
Papier aus verantwor-
tungsvollen Quellen
FSC® C014889

Dank

Vorab danke ich allen Menschen, die mir in meinem Leben geholfen haben, nicht nur denjenigen, die ich im Buch erwähne.

In bezug auf das vorliegende Buch danke ich besonders meinem Verleger Dirk Vaihinger, der mich gegen heftigen Widerstand dazu gebracht hat, mein Leben aufzuschreiben.

Dann danke ich meinem Lebensgefährten Sergio Giovannelli, wie immer ein kritischer Begleiter des entstehenden Manuskripts, aber auch durch unendliche Entlastungen in der Alltagsbewältigung dieses erst ermöglichend. Sergio hat mit seinem Fotoapparat während all der Jahre unserer Gemeinsamkeit wichtige Ereignisse festgehalten, die nun in diesem Buch auch anderen zugänglich werden.

Nicht zuletzt danke ich meinen treuen Leserinnen und Lesern dafür, dass sie mich durch ihre Echos auf meine Bücher immer wieder ermutigten, das Schreiben nicht aufzugeben.

Biel, im Dezember 2011   Judith Giovannelli-Blocher

Vorwort

Eine Frau erzählt ihr Leben. Kann sie das? Ich wüsste niemanden, der mit Bestimmtheit sagen könnte, wie genau sich sein Leben abgespielt hat. Das Leben hat vielleicht Ähnlichkeit mit dem Wasser – welche Farbe hat es denn nun wirklich? Trotzdem besingen die Dichter seit jeher sowohl das Leben wie das Wasser in allen Farben! Und so kann man auch die Geschichte des eigenen Lebens nachempfinden, wie sie sich zu einer Lebenserzählung verdichtet hat.

Über eine Lebenserzählung zu verfügen tut gut, befreit. Ich kann die Anfertigung nur empfehlen. Und ich weiß, dass das Lesen anderer Lebenserzählungen ermuntern kann, die eigenen Lebensfäden aufzusuchen, ihre Verknüpfungen wahrzunehmen, noch nicht entwirrte «Knoten» darin aufzulösen. Ich habe diese Wirkung bei meinen bisherigen Büchern erfahren. Und so hoffe ich, dass auch meine kompaktere Lebenserzählung diesen Dienst tut.

Ich wünsche meinen Leserinnen und Lesern Mut und Freude am Stricken der eigenen Lebenserzählung, sei es schriftlich, im vertraulichen Gespräch oder einfach im eigenen Innern, wo sie als Lebenserfahrungsschatz aufbewahrt bleibt.

Es lohnt sich, das eigene Leben wie das Leben anderer ernst zu nehmen und dafür zu sorgen, dass es Spuren hinterlässt, die zum Wohl derer, die nach uns kommen, einen kleinen Beitrag leisten.

1. Die Büchse

Alles war für das Fest vorbereitet. Heimlich war ich eingedrungen. Ich war voller Angst und Schuldgefühle, und ich wollte sie loswerden. Vor dem Weihnachtsbaum würde vielleicht ein Wunder geschehen. Ich war etwa sechs Jahre alt, und heute Abend, am Heiligabend, wollte ich aus meiner Not erlöst werden. Es dämmerte bereits, bald würden die Kerzen des Christbaums angezündet, und die Familie würde singend in die Stube einziehen. Aber vorher musste Gott mich noch von meinem vor Angst bis zum Platzen gefüllten Bauch befreien, auf dem ein Berg von schlechtem Gewissen lastete. Gott musste mir helfen, selbst wenn es eine harte Strafe für meine Sünden absetzen sollte: Ich wollte auf den rechten Weg kommen, endlich meinen Eltern Freude bereiten. Ich spürte, dass Gott irgendwie in dieser Weihnachtsstube anwesend war, und wartete mit Herzklopfen darauf, dass er erscheine. Aber es geschah – nichts. Er sah mich nicht! Da entschloss ich mich zum Äußersten, kletterte auf einen Stuhl, streckte mich auf Zehenspitzen so weit es ging und riss von zuoberst am heiligen Baum ein Quittenwürstchen ab. Der Baum begann zu wanken, da!, jetzt!, dachte ich, jetzt erscheint Gott! Diesen Frevel lässt er nicht ungesühnt. Aber wieder geschah nichts. Schließlich rutschte ich vom Stuhl, wagte aber nicht aufzusehen. Totenstille. Die Schneeluft pfiff durch die Ritzen der Fenster und bewegte leise die Vorhänge. Sonst nichts.

Langsam richtete ich mich auf. Mit aufsteigenden Tränen streckte ich das gestohlene Zuckerzeug zum Himmel. Stille. Ich hatte verloren: Gott hatte mich nicht erhört. So allein war ich noch nie gewesen.

Im Messingtürchen des Kachelofens spiegelte sich ein kleiner Engel, der an einem Ast des Christbaums hing. Er schaukelte leise hin und her. War es ein Hohn? Gott sehe alles, leuchte auch mitten ins Herz, war mir eingetrichtert worden. Nun erkannte ich: Meine Gewissensqual, ein böses Kind zu sein, war ihm piepegal.

Gleich würde hier die Bescherung beginnen. Gleich würde die Mutter den Schrank mit der Guetzlibüchse darin aufschließen und den tiefen Krater, den jemand in die Guetzli gefressen hatte, entdecken. Dass ich nicht geruht hatte, bis ich den Schlüssel zum Schrank gefunden hatte, würde sie besonders grämen.

Wenig später leuchteten die Kerzen, der Baum duftete. Die Mutter saß am Klavier, die Familie sang «Macht hoch die Tür, die Tor macht weit, es kommt der Herr der Herrlichkeit» und, nach dem Verlesen der Weihnachtsgeschichte, «Wie soll ich dich empfangen, und wie begegn' ich dir?».

Auch wenn ich inmitten der Geschwister stand und mitsang, als wäre nichts gewesen, spürte ich, dass ich mich ausgeschlossen hatte. Es waren nicht nur die verbotenen Taten, hinzu war nun das Erlebnis in der verbotenen Weihnachtsstube gekommen: In meiner bisher unerschütterlichen Glaubensfestung klaffte ein Riss.

Könnte es das erste Mal gewesen sein, dass ich selbstständig zu denken anfing? Warum stürzte mich das in eine derartige Einsamkeit? Hätte ich gewagt, mich den Eltern anzuvertrauen, der Vater – und etwas zögerlicher auch die

Judith mit Blumenkränzlein, 1937

Mutter – hätten mich nicht verstoßen. Im Vater hätte ich sogar einen heimlichen Gesinnungsfreund gefunden. Die Eltern hatten zwar den Kindern vermittelt, dass es im Leben einen breiten Weg des Verderbens und einen schmalen Pfad des göttlichen Wohlgefallens gebe. Mit diesem Grundsatz erzogen sie uns zu übersensiblen Gewissensträgern. Sie taten das nicht aus Hochmut, sondern aus christlichem Pflichtgefühl für die ihnen anvertrauten Kinder, um die sie tief besorgt waren und für die sie viele Opfer auf sich nahmen. In unserem Kinderschlafzimmer hing ein großes Wandbild aus dem 19. Jahrhundert, wie es auch in Sonntagsschulen und pietistischen Kinderheimen verbreitet war: *Der breite und der schmale Weg*. Auf der breiten

Straße tummelten sich viele Leute, die es lustig hatten, die festeten, aßen und tranken, den Frauen ins Dekolleté schauten, Hunden einen Tritt gaben und Arme ohne Almosen stehen ließen. Sie landeten am linken oberen Bildrand in der Hölle. Auf dem schmalen Pfad hingegen war es still, einzelne Pilger waren unterwegs, halfen alten Mütterlein und aßen ein Stück Brot. Auf sie warteten oben rechts die Gnadensonne und die offenen Arme Gottes.

An dieser Darstellung liefen wir jeden Morgen nach dem Aufwachen und jeden Abend beim Zubettgehen vorbei. Das Verwirrende am Plakat war, dass der Vater, der es aufgehängt hatte, zugleich heftig Kritik daran übte, behauptete, diese Darstellung sei zu simpel, habe eigentlich nichts mit dem Evangelium zu tun. Das Evangelium handle von der Liebe – und von nichts anderem.

Mich faszinierten die Brücklein vom einen Weg zum andern, auf welchen Figuren gemalt waren, die ihre Richtung änderten. Gespräche mit dem Vater darüber vermehrten meine Fragezeichen. Heute denke ich, dass der Vater genau das mit seinem Widerspruch bezweckt hat. Über das kindliche Fassungsvermögen hat er sich immer getäuscht.

Ich wuchs im dauernden Gefühl des Ungenügens auf. Auch wenn Briefe meiner Eltern aus jener Zeit ein anderes Bild ergeben – in meiner Selbstwahrnehmung tat ich mich mit Stehlen, Lügengeschichten, Ungehorsam und Prahlereien hervor.

Da der Tadel als Erziehungsprinzip das Lob weit überwog, hielt ich mich bis in mein Erwachsenenleben hinein für einen besonders schlechten Menschen. Eines Tages sagte mein älterer Bruder Martin, den ich als Kind sehr verehrte, zu mir: «Du bist ein echt verdorbenes Kind.» Im Vergleich zu ihm, der als Musterknabe aufwuchs, stimmte das. Ich nahm seine Aussage für wahr und verehrte ihn als moralisches Vorbild umso mehr. Er war für mich bis über meine Pubertät hinaus eine Lichtgestalt.

Im geräumigen Pfarrhaus Laufen ging es allen Bewohnern zuvorderst darum, ein «rechter Mensch» zu werden und Gottes Willen zu erfüllen. Die Mutter erzählte uns jeden Abend Geschichten aus der Bibel, und da sie selbst tief an diese Botschaft glaubte, haben sie sich auch fest in mir verwurzelt. Aber daneben gab es das unkonventionelle Denken des Vaters, der wiederum doch das pietistische Plakat im Schlafzimmer aufgehängt hat. Mein Vater, eine markante, auch erotisch anziehende Gestalt, sehr redegewandt und «immer am Denken», übte zeitlebens eine starke Wirkung auf seine Umgebung aus. Der fortschrittliche Theologe und Ethiker Professor Hans Ruh, Autor zahlreicher Bücher, antwortete 2007 auf die Frage, warum er Theologie studiert habe, dass ihn mein Vater stark beeinflusst habe: «Wolfram Blocher war mein Lateinlehrer, ein eindrücklicher Theologe. Er warf Fragen auf, von denen ich – als Sechzehnjähriger – wusste, dass sie mich ein Leben lang nicht mehr loslassen würden. Fragen wie: Was ist ein Mensch? Was hat es mit der Schöpfung auf sich? Er war konsequent, streng, aber ein äußerst sensibler Theologe und Mensch – hochintelligent.»

Sein hochgemutes und zuweilen überschwengliches Naturell stand in Widerspruch zu lebenslänglichen Ohnmachtsgefühlen, Depressionen und Versagensängsten. In Briefen an seinen Freund und Amtsbruder Walter Rordorf, meinen Taufpaten, kommt zwar zum Ausdruck, wie tonangebend Wolfram Blocher am Anfang seiner pfarramtlichen Tätigkeit im theologischen Disput mit Kollegen war, aber gegenüber seinem engen Freund gesteht er 1928 auch: «Ich finde, dass alles Kohl ist, was ich mache.» Und in meinem Geburtsjahr 1932 schreibt er: «Ich bin am ganzen Leib wund über meine Unzulänglichkeiten.»

Mit überzüchteten Gewissen und überforderten Gehirnen brühten wir im Dampfkochtopf der Familie – und hatten es dennoch oft lustig, und es ist vermutlich bis heute ein Merkmal von uns allen, dass wir gerne lachen und zum Lachen bringen – ein dankbares Ventil.

In einem der Briefe des Vaters heißt es 1926 über einen Ferienbub: «Ich habe einen lustigen, wilden Ungar-Jungen bei mir, mit dem ich viel Allotria mache. Ich bin immer froh, wenn ich das Kind in mir wieder einmal austoben kann.» Fünf Jahre später hatte er eigene Kinder.

Vaters fast neurotischer Zwang, an sich und anderen immer zuerst die Unzulänglichkeiten festzustellen, hat ihm manche Freude vergällt. Heißt es etwa ein gutes Jahr nach meiner Geburt noch stolz: «Judith ist eine reizende und urgelungene Person», so ist fünf Jahre später der Himmel schon bewölkt. «Uns macht Judith noch viel Not in der Erziehung, vor allem wegen ihres aufgeregten, unsteten, unordentlichen, reizbaren Wesens. Auch körperlich ist sie nicht so, wie wir möchten, mager und blass, schläft zu wenig. Wir haben sie wohl oft falsch, zu streng behandelt. Großvater [Pfarrer Eduard Blocher], bei dem sie schon mehrmals in den Ferien war, ist immer voll Lob über sie. Die Ruhe und Sanftmut in der kleinen Familie des Großvaters tut ihr immer sehr gut, überhaupt der Aufenthalt bei andern Leuten. Judith hat aber auch sehr liebenswürdige Eigenschaften. Sie ist rührend lieb mit der kleinen Therese, tritt oft leidenschaftlich ein für ihre Geschwister, hat im Grund auch ein weiches Herz und ist recht originell.»

In diesem Familiengewühl, voller Lebenssehnsucht und

Lebensfreude einerseits, Bestrafungs- und Selbstbestrafungstendenzen andererseits, bin ich als Zweitälteste von elf Kindern aufgewachsen. Als Dampfkochtopf wurde das Modell des evangelischen Pfarrhauses öfter beschrieben, immer unter Druck: von Seiten der Gemeinde, welche die Halböffentlichkeit einer Pfarrfamilie argwöhnisch beobachtet, unter Druck aber auch von den sehr hohen Ansprüchen, welche die Eltern an sich selbst und an die Kinder stellen, und überwölbt von einem religiösen Baldachin, der sowohl Gericht wie Gnade bedeutet hat. Solche oft kinderreichen Familien scheinen überdurchschnittlich viele leistungsfähige, tüchtige Menschen hervorzubringen, aber auch viele, die psychisch krank werden, den Druck nicht aushalten und sich das Leben nehmen oder so weit wie möglich zurückziehen. Unser Haus kommt mir in der Erinnerung vor wie eine Büchse mit fest verschlossenem Deckel, aus der man ständig entweichen wollte.

Klassische Pfarrhäuser hatten wegen ihrer Vorbildfunktion sowieso eine Tendenz zur Isolation, bei uns kam dazu, dass unser Pfarrhaus nicht mitten im Dorf, sondern abseits von vier kleinen Dörfern stand, die mein Vater zu betreuen hatte, flankiert von der Kirche und zwei Bauernhäusern im Schatten des Schlosses Laufen am Rheinfall. Einsam, aber von einem großen Garten umgeben, mit Blick in das tosende Gestrudel des Wasserfalls, der sich in der Tiefe ergoss. «Wir sind viel zu romantisch aufgewachsen», kritisierte mein Bruder Martin später einmal, «wir haben nichts vom realen, hässlichen Leben mitbekommen.» Als Ausgleich wählte er dann, der Künstler mit dem Auge fürs Schöne, eine Vorstadtunterkunft in Zürich inmitten von Lagerhäusern, Güterbahnhof und chemischer Reinigungsanstalt – aber der erhoffte Effekt der Abhärtung fürs wirkliche Leben stellte sich trotzdem nicht ein.

So malerisch und verschwenderisch der Flecken meiner Kindheit auch war – meine Erinnerungen kamen lange nicht damit zu Rande. Zehn Jahre habe ich gebraucht, um meinen Kindheitsroman *Das gefrorene Meer* (1999) endlich abzuschließen – und vor allem das Pfarrhaus Laufen war es, an dem ich beim Versuch, mir alles wieder zu gewärtigen, abprallte.

Ja, wir steckten alle tief drin in der Büchse, und es waren vielleicht die unermüdlichen Anstrengungen, einen Ausweg zu finden, die unsere Individualität gestärkt und gleichzeitig unseren Zusammenhalt gefördert haben. Unsere Fluchtwege, unsere Selbsterkundungen der Welt waren sehr wichtig, aber sie wären ergebnislos gewesen ohne die Büchsenmitte aus Vater und Mutter, die wir alle ständig suchten und flohen.

Das geräumige Haus in Laufen mit seinen vielen Aufgängen und den vielen Gemeindebesuchern, welche auf dem Weg zu Vater oder Mutter das Treppenhaus bevölkerten, kommt mir in der Rückschau vor wie ein Ameisenhaufen, in dem alles scheinbar planlos durcheinanderwirbelt, in Wirklichkeit aber stets unterwegs ist zu demselben Punkt, im Pfarrhaus Laufen die Ecke ganz rechts oben, wo das Studierzimmer des Pfarrers lag und wo er, gebeutelt von Anspruch und Gelingen, ermattet an seiner Pfeife sog.

Aus der Rückschau in späten Jahren berücksichtigt man nicht nur das, was die Eltern getan und unterlassen haben, sondern hat zunehmend vor Augen, wer sie als Persönlichkeiten waren und wie sie als solche auf die Kinder gewirkt haben. Heute denke ich, dass die Größe meines Vaters darin lag, dass er imstande war, konventionelles Denken

rechts: Pfarrhaus Laufen und Friedhof

unten: Rheinfallbecken vom Garten aus gesehen

Die Eltern als Brautpaar, 1929

in Frage zu stellen, er war alles andere als ein angepasster Bürger, konservativ war an ihm, dass er den Sachen auf den Grund gehen wollte. Seine Auffassungen lagen häufig quer zum Üblichen, zum Beispiel, wenn es um die Definition der Sünde ging. Was die Leute unter Sünde verstehen, hat damit überhaupt nichts zu tun, konnte er hochfahrend erklären, wenn sich jemand beklagte, dass die Pfarrerskinder Kirschen von fremden Bäumen genommen hätten.

«Die Leute bestrafen hauptsächlich das als Sünde, was mit der Antastung ihres Besitzes zu tun hat», meinte er verächtlich – und gerade das hat Gott nicht gemeint.

Aber was dann? Vater antwortete seinen Kindern selten oberflächlich. Nachdem er mich eine Weile sinnend angeschaut und sich am Kopf gekratzt hatte, sagte er: «Die wirkliche Sünde gegen Gott und das geschaffene Weltall ist, wenn der Mensch zu wenig liebt.» Aber er konnte auch weitergehen und fragen: «Was wäre, wenn es keinen Gott gäbe? Denn man kann nicht wissen, ob es ihn gibt. Auf jeden Fall finde ich Atheisten mutige und meistens interessante Leute.» Da stand man in einem Haus, wo scheinbar alles von Gott kam und zu Gott zurückging – und erhielt eine solche Antwort, erinnerte sich auch gleich an die Diskussionen, die Wolfram Blocher mit einem atheistischen Lehrer in unserer Gemeinde unterhielt. Seine Antworten grundlegender Art waren nie Standardsätze, sie eröffneten in mir einen unendlichen Raum des Fragens und der Phantasie.

Die strengen Hausregeln, auf deren Einhaltung er peinlich genau achtete, die oft kleinlichen Erziehungsmethoden, das Ahnungs- und Lieblose, mit dem er auf kindliche Gemüter eindrosch und sie damit heillos überforderte, muss ihm als Gehorsam in seiner eigenen Erziehung eingeimpft worden sein. Aber daneben gab es einen sich aus anderen Quellen speisenden Widerspruchsgeist und ein mitfühlendes Gemüt gegenüber Schwachen, Gedemütigten und Gestrauchelten, das sich eher selten im Handeln Bahn brach, aber es war da.

Die Rose

(Dem Andenken meines Vaters gewidmet: So habe ich eine Erzählung von ihm über seine Jugend in Erinnerung.)

Nein, Theologie zu studieren hatte ich nie im Sinne, meine Zukunftsträume haben sich nie in diese Richtung bewegt, obwohl oder vielleicht gerade weil mein Vater Pfarrer war. Aber um ehrlich zu sein: Während meinen Schul- und Studienjahren habe ich mir überhaupt keine Gedanken über meine Zukunft gemacht.

Freilich, kurz vor der Matur wurden die Fragen danach häufiger, wie es denn «weitergehe». Man solle jetzt «die Weichen stellen», tönte es. Das Gymnasium war für mich ein Klacks gewesen, ich galt als brillanter Schüler, empfand mich aber nicht als fleißig, sondern als schleichende Schnecke, als mit einem Bremsklotz beschwert, der mich am Fortkommen hinderte. Hinter meiner Auffassungsgabe und geistigen Beweglichkeit war dies von außen wohl kaum zu erkennen.

Die Schule war für mich ein Wartesaal, der mich vor der Unbill des Lebens bewahrte. Wenn ich daran dachte, was ich tun würde, wenn der Tag einmal nicht mehr von einem strengen Stundenplan eingeteilt wäre, sah ich keine Perspektive, denn immer tauchte vor meinen Augen in weiter Ferne eine Weggabelung auf, die mir das Gefühl gab, dass ich nie die Kraft haben würde, mich richtig zu entscheiden. Die Weggabelung war mein Dilemma, meine Gedanken hielten inne, so oft ich mich dieser Aussicht näherte. Ich zog mich zurück. Wann immer ich vorsichtig vorwärts spähte, tauchte sofort dieser Scheideweg auf, und ich musste die Augen zusammenkneifen. Als Ausflucht errichtete ich einen Wald vor mir, einen starken Wald mit dunklen Tannen und hellen Buchen. Starke Bäume waren das, das Unterholz gut, Heimat von allerlei Pflanzen und Getier, die Kronen gefährdet, Angsttriebe schossen dort empor. Manche Bäume wuchsen zu dicht, hinderten einander am Wachstum oder waren vom Borkenkäfer befallen. Allmählich träumte ich davon, mich beruflich der Pflege des Waldes zu widmen. Ich habe mich schon als Bub sehr gern im Wald aufgehalten. Im Wald kann ich mich erholen, im Wald fühle ich mich geborgen. Ich spüre seine Ganzheit, seinen Zusammenhalt, ich spüre, dass er lebt. Diese Luft, der Duft von Harz und Brombeeren, hautfarbene Pilze, die sich um einen Baumstrunk scharen, das Klopfen des Spechts in der Mittagsstille, ein Feuersalamander, der langsam unters Laub kriecht. Bist du einige Stunden allein im Wald gegangen, erlebst du, wie du eingeordnet, Teil davon wirst. Als Förster mit ordnender Hand die Erhaltung dieses Ganzen zu unterstützen, das würde mir liegen, habe ich gedacht. Aber schneller als die kleinen Pilze am Fuß eines Baumes stiegen meine Zweifel in die Höhe. Das Studium des Forstmeisters war kein Problem, aber danach? Lang aufgeschossen und hager, wie ich war, mit Händen, die meine Mutter als Pianistenhände bezeichnete, hielt ich mich für zu wenig robust, um die Arbeit im Freien und den Umgang mit Waldarbeitern zu meistern. Ich hatte auch keinen Kontakt in diese Welt, ich war ein Stadtkind. Einen Forstmeister stellte ich mir breitschultrig vor, als einen Mann, der auch mal mit den Arbeitern ein Bier trinkt. Das hätte mir überhaupt nicht missfallen, nur war es zu weit weg.

In der engen Wohnung der Zürcher Altstadt, wo ich aufgewachsen bin, war es stickig. Mein Vater litt an Asthma und musste inhalieren. Er war Spitalpfarrer, widmete sich der Erforschung der deutschen Sprache und führte ein stilles Gelehrtenleben, das von Rücksicht gegenüber seiner Frau geprägt war. Meine Mutter war der Mittelpunkt der Familie. Das geringste Zucken ihrer Augenbrauen galt als Richtmaß für das, was erlaubt war und was nicht. Sie war schwernehmend und schwerlastend, ihre strengen religiösen Grundsätze drückten auf das Gemüt ihres Manns und ihrer Kinder, denn man konnte sich ihnen nicht entziehen. Gehorsam und Bereitschaft zu Verzicht und Opfer waren die Grundlagen. Die Mutter kleidete sich wohl sorgfältig und standesgemäß, trug gutes Tuch und Hüte, die zurückhaltend betonten, dass sie aus gutem Haus war. Auf Luxus sollte man aber verzichten.

Ich lernte früh, mich in den genannten Tugenden zu bewähren, und es gehörte zum pädagogischen Konzept meiner Mutter, mich darin auf die Probe zu stellen. Mein Vater, nach meinem Eindruck der Mutter durchaus zugetan, hat mir immer das Gefühl verschafft, dass er in der eher düsteren Atmosphäre des Hauses ein eigenes Gärtchen zu seiner Freude pflege, wo Literatur und Musik blühten. Am Anfang seiner Ehe soll er seine Frau in die Walliser Berge mit der Fiedel in der Hand begleitet und ihr Lieder wie «Han – amene – Ort – es Blüemli – gseh – es Blüemli zart und fin ...» vorgespielt haben. Leise habe sie sogar mitgesungen.

Eines Tages begleitete ich meine Mutter durchs Quartier auf einem Gang hinunter an den See. In einem Vorgarten guckte eine voll erblühte Rose zwischen den Latten eines Gartenzauns auf die vorbeispazierenden Menschen. Ihr intensives Rot verdunkelte sich in der Mitte zu einem samtenen Schwarz. Ihr betörender Duft verführte die Passanten, sie steckten ihre Nase ins kühle Gewusel ihrer Blätter hinein. Die Mutter blieb stehen. «Ich hätte gerne diese Rose», sagte sie. «Hast du den Mut, sie für mich zu pflücken?» Was war nur in sie gefahren? Das sei klar verboten, wehrte ich mich und blieb bei meinem Widerstand, vor allem als ich merkte, dass es sich wieder um eine ihrer religiösen Gehorsamsproben handelte. Wie ich das hasste. Zwischen uns verströmte die Rose ihren Duft. Meine Mutter bekam ihren strafenden Gesichtsausdruck und ging schweigend weiter, hielt aber an der nächsten Straßenecke an, lehnte ihren Schirm an eine

Mauer und holte zu einer Grundsatzrede an mich aus. Richtig, es ist verboten, aber gleichzeitig auch ein Grenzfall, denn die Rose hält sich genau genommen außerhalb des Gartens und seines Eigentümers auf. Und wem sollst du in diesem Fall mehr gehorchen, deiner Mutter oder einem zweifelhaften Gesetz?

Neugierig schien die Rose auf dem Trottoir herumzuwundern. Sie zu opfern, um ein blödsinniges Exempel zu statuieren, schien mir auf jeden Fall zu schade. Ich bin mir fast sicher, dass es mir nicht nur um den Widerstand gegen die Herrschsucht meiner Mutter ging, sondern ebenso sehr um die Rose. Ich sagte aber nur: Mutter, das ist mir peinlich – und diesen Satz nahm sie mir für viele Jahre übel. Die Mutter produzierte Falten auf der Stirn, rückte ihre Brosche mit dem violetten Amethyst an der Öffnung ihrer Bluse zurecht und schaute mich prüfend an.

Wäre die Rose nicht gewesen, so hätte ich wahrscheinlich nachgegeben. Aber ich konnte sie nicht brechen.

Meine Mutter holte ein Taschentuch aus ihrem Beutel und wedelte damit vor ihren Augen herum. Als das nicht half, wandte sie sich ab und ließ ihren Schirm und mich stehen. Ich ließ ihn, wo er war, und ging zur Rose. In meinem Innern flüsterte ich ihr zu: Du gehörst niemandem.

Ich glaube, das war einer der hellsten Augenblicke meiner Existenz, bevor dauerhaft die schwarzen Wolken in mein Leben drückten. Es ging nicht anders: Alle mussten sich immer wieder der Knute meiner Mutter beugen. Nach der Rosengeschichte stand ihr der Kummer tagelang ins Gesicht geschrieben, sie schüttete beim Frühstück nach schlafloser Nacht Pillen in sich hinein, verbreitete eine Atmosphäre des allgemeinen Schuldigseins. Aber auch sich selbst beschuldigte sie andauernd. Ihr chronisches Kopfweh verstopfte die Luft, während der Vater sich schämte, dass er mit dem Inhalationsgerät gegen sein Asthma die Leiden der Mutter verschlimmere.

Einige Tage vor meiner Matur sollten wir im Klassenzimmer auf ausgeteilten Zetteln angeben, in welcher Studienrichtung wir unsere Ausbildung fortsetzen wollten. Mein Banknachbar und Freund hatte die Aufgabe schnell erledigt. Medizin, schrieb er auf den Bogen. Sein Vater war Kinderarzt, Professor an der Uni. Er lächelte mich sorglos an und zuckte mit den Schultern, als ich wissen wollte, was er geschrieben hatte. Er würde seinen Weg gehen, das wusste ich. Vor mir saß ein Klassenkamerad, den ich sehr bewunderte: ein glänzender Schüler, aber auch ein virtuoser Zeichner und Witzbold, in Windeseile karikierte er unsere Lehrer, dass wir uns die Bäuche hielten vor Lachen. Überhaupt war er immer zu Allotria aufgelegt und ein sehr lieber Kerl. In siegesgewisser Schrift malte er aufs Papier: auf jeden Fall Künstler, die Richtung werde ich noch finden … Adieu Studium …! Er lehnte sich zurück, wippte mit den Füßen und summte leise vor sich hin.

Ich sah mich um. Einige kratzten sich am Kopf und schienen unschlüssig. Einer schrieb: Juristerei oder Karriere in der Verwaltung.

Vor mir lag mein weißes Blatt. Als der Lehrer die Blätter einsammelte, blickte er schnell auf mich und meinte seufzend: Ja, ja, Primus zu sein ist manchmal nicht leicht … Ich geriet in Panik. Der Scheideweg, der Scheideweg! Es ging nicht, es ging nicht, ich konnte da nicht drüber. Ich hielt die Hand vors Blatt und schrieb: Theologie, faltete es zusammen, noch bevor es trocken war und blieb mit verschränkten Armen sitzen, bis der Lehrer es vom Pult nahm.

Gut, ich hätte ja später dem aus Verlegenheit und Peinlichkeit gefällten Entschluss nicht folgen müssen. Aber vielleicht war es doch eine Berufung, wer kann das wissen? Vieles kommt ja zustande im Leben, als wäre es ein Zufall …

Und mit diesen Worten entließ mich mein Vater aus einem Gespräch über seine Jugend. Später im Leben habe ich oft darüber nachdenken müssen, vor allem, wenn ich mit Vater im Wald war, wenn er nach den Spiräen suchte, dem Erdbeerschlag, ganz verborgen – und er ein Gesicht hatte wie ein Junge ...

2. Kindheit und Familiengeschichtliches

Wir Kinder sind in Abständen von etwa einem Jahr zur Welt gekommen. Es gab also immer eine Mutter, die entweder schwanger war oder stillte. Bis zum Eintritt in die Sekundarschule habe ich zusammen mit fünf Geschwistern im selben Schlafzimmer geschlafen. Mein Bett lag beim Lichtschalter, ein strategischer Platz bei nächtlichen Störungen. Wenn eins der Geschwister sein Taschentuch nicht fand, aufs WC musste oder aus wilden Träumen aufschoss und vor Verwirrung anfing zu weinen, war ich gleich wach und machte Licht. In meiner Erinnerung habe ich als Kind gar nie richtig geschlafen, weil ich mit halbem Ohr immer bei den kleinen Geschwistern war. Außerdem war die Wand mit dem Lichtschalter die Grenze zum Elternschlafzimmer. Spitzohrig habe ich auf das gelauscht, was dort vor sich ging. Am Singsang, an der Tonlage der oft langen, halblauten Gespräche las ich den Pegel der Sorgen ab, welche die Eltern bedrückten. Dann lag ich oft selber lange wach und blickte sehnsüchtig in die helleren Streifen, welche die Klappen der Fensterläden an die Wand zeichneten.

Als meine Schlaflosigkeit einmal bis zum Morgen andauerte, stand ich auf und schrieb auf einen Zettel eine Strophe des Beresinalieds: «Mutig, mutig, liebe Brüder, weichet nicht verzagt zurück, hinter jenen hohen Bergen wartet unser noch ein Glück!» Diesen Zettel legte ich auf das Nachttischchen meines Vaters, und er hat mir später einmal gestanden, wie sehr es ihn gerührt habe.

Er hat den Zettel aufbewahrt, mitsamt den Korrekturen meiner Orthographiefehler, die er darauf anbrachte.

Aber damals sagte er leider nur: «Unsere sentimentale Tochter – und was für ein sentimentales Lied!» Weiche Regungen seiner Kinder mit Kälte zu quittieren, darin war unser Vater ein Meister.

Das Schlafzimmer wurde vor dem Einschlafen von uns allen zu einer phantastischen Spielwiese umgestaltet – ein Ventil unserer Träume und unseres Lebensdrangs! Dort wurden wilde selbsterfundene Theaterszenen gegeben, jede und jeder hatte die Rolle, in der er sich am liebsten sah, es waren Rollen, die uns im realen Leben verboten waren und in denen wir uns regelrecht austobten. In diesen Spielen waren wir erwachsen, regierten über große Länder, gingen auf Löwenjagd und halfen den Armen. Aber selbstverständlich war «Schwatzen nach dem Lichterlöschen» streng verboten! Der Vater kontrollierte durch Lauschen vor der Tür, und waren die Kinder wieder nicht ruhig, wanderten wir im Gänsemarsch in sein Studierzimmer, empfingen Strafpredigten und Strafen, etwa Entzug der spärlichen Portionen Schokolade, die uns während des Krieges jeden Tag zugeteilt waren, oder zusätzliche Hausarbeit wie WC-Papier schneiden (aus Zeitungen) oder Jäten. Aufs Ventil konnten wir aber nie verzichten. Nichts heizt die Phantasie mehr an, als wenn man sie versteckt und flüsternd ausleben muss! Der Vater hat diesen Kampf jahrelang verloren, was ihn schwer bedrückte, denn er empfand sich als großen Versager – und niemand hat ihn aufgeklärt!

Die nächtlichen Lebensersatz-Aufführungen genügten aber nicht. Sie hörten auch nicht auf, als wir größer wurden, langsam in die pubertätsbedingte Verpuppung kamen, wo wir uns voneinander abzusondern begannen. Bei meinen jüngsten Geschwistern hat sich dieses Spiel meines Wissens nicht wiederholt. Für diese gab es schon «die Großen», die außerhalb der Familie ihre Entdeckungen machten. Und das war notwendig. Am schnellsten von uns allen hat dies wohl Christoph kapiert. Ich schätze, dass er noch nicht mal zur Schule ging, als er auf den benachbarten Bauernhof der Familie Schär auswich, von wo er gelegentlich nur gerade zum Essen zu Hause erschien. Später hat er einmal gesagt, er sei in größter Freiheit aufgewachsen: «Man stellte mich morgens vors Haus und nahm mich abends wieder herein.» Ich als seine acht Jahre ältere Schwester, zu deren Aufgaben es gehörte, die kleineren Geschwister zu beaufsichtigen, habe dies allerdings etwas anders erlebt, aber es gehört zu den Einsichten unter uns Geschwistern, dass jeder und jede eine andere Kindheit hatte und die Eltern ganz unterschiedlich erlebte.

Christoph jedenfalls hat seine Gegenwelt schon früh gefunden, zunächst in seinem revolutionären Entschluss, den er sich zu Hause auch erkämpfen musste, aus dem rein geistigen, sozusagen feinstofflichen Milieu seines Elternhauses auszubrechen und Landwirt zu lernen. Später hat er diese eigenständige Linie fortgesetzt und sich zum Lebensthema die Wirtschaft gesetzt, etwas, bei dem in seinem Elternhaus alle anderen auf beiden Augen blind waren und geblieben sind. Trotzdem ist er unverwechselbar ein Sohn dieses Elternhauses geblieben und hat es niemals verleugnet, seine Nähe zur Theologie und zu den Anker-Bildern, eine Liebe, die er mit seinem Vater teilt, sind nur kleine Zeichen für Gemeinsamkeiten, die ich bis heute immer wieder bei ihm feststelle.

Für mich bedeuteten Ferienaufenthalte bei Großeltern,

Ausflug mit dem Vater nach Freienstein: Vater, Judith, Theres, Martin, Sophie, Miriam, Gerhard, 1942

Tanten, Taufpaten und befreundeten Familien einen kurzfristigen Ausstieg aus dem Dampfkochtopf, die überaus wichtige Entdeckung, dass man andernorts anders leben und sein konnte und durfte. Ich glaube, diese Ferienaufenthalte waren in erster Linie zur Entlastung unserer Mutter gedacht (zwei bis drei Kinder weniger), für mich war es jedes Mal der Eintritt ins Paradies.

Damals war es noch nicht üblich, dass bei Kindereinladungen selbstredend ein Spezialprogramm aufgestellt wird, ein Besuch im Europapark oder die Märlivorführung im Stadttheater. Auswärts waren wir Kinder einfach dort, wo die Erwachsenen ihrem Tagewerk nachgingen, und nahmen daran teil. Interessant fand ich das! Man musste beim Zmorge nicht beten, man durfte abends etwas länger aufbleiben, man durfte kitschige Lieder singen, die zu Hause verpönt waren, und die Tante sang sogar aus vollem Herzen mit! Hier wurde ich viel seltener gerügt, hier habe ich zum ersten Mal gehört, dass ich ein hübsches Kind sei (im Alter von etwa zehn Jahren), dass ich «es Gmerkigs» sei und überhaupt «es Liebs», das man einfach gern haben müsse. Wie ein lang entbehrter milder Sommerregen tröpfelte diese Anerkennung in meine hungrige Seele. Aber ich merkte auch irgendwie, dass die Ferienluft anders war und mich darin unterstützte zu sein, wie ich wollte, nämlich ein nicht schwieriges Kind. Darüber hinaus gab es aber die erregende Feststellung, dass meine Ferien-Ersatzeltern sich Dinge erlauben konnten, die zu Hause tabu waren, und da sie allesamt von den Eltern höchst geschätzt wurden, hieß das: Es gibt nicht *einen* rechten Weg, wie es das pietistische Plakat in unserem Kinderschlafzimmer wollte, sondern mehrere! Das habe ich damals natürlich noch nicht so erkannt, aber ich spürte sicher schon die Aufregung eines eigenen Lebensentwurfs, ich war zweifellos jedes Mal höllisch auf dem Quivive, sobald ich auswärts war! In langen Ergüssen schrieb ich meine Erlebnisse nach Hause und hatte anschließend Diskussionen mit den Eltern, denn natürlich war alles Andersartige angstbesetzt und wollte abgesegnet sein von der Instanz, die für mich die wichtigste war. Da die Ferieneltern meistens gute Berichte über mich lieferten, waren Vater und Mutter in diesem Punkt mir gegenüber meist milde gestimmt.

Beim Großvater Eduard Blocher war ich nur wenig Male, er starb, als ich zehn Jahre alt war. Die Großmutter habe ich nicht mehr gekannt, aber ich trage ihren Vornamen als zweiten Namen, Mathilde. Diese Frau war noch lange in unserer Familie präsent, denn sie muss eine sehr prägende Wirkung gehabt haben. Mathilde Wigand kam aus Marburg, ihr Vater war dort Professor der Botanik, wurde aber vor allem bekannt durch seine Streitschriften gegen Dar-

Die Großeltern Eduard und Mathilde Blocher-Wigand in Sitten auf dem Weg in den Sommeraufenthalt auf dem Mayenberg, dazwischen ihre Kinder Wolfram und Miriam, auf dem Maultier Yvonne Blocher, 1903

win und dessen Behauptung, der Mensch habe sich aus dem Affen entwickelt. Das konnte der fromme Pietist natürlich nicht gelten lassen!

Als junges Mädchen bin ich einmal nach Marburg gefahren, um in der Altstadt das Haus mit Gedenktafel, in dem er gewohnt hatte, zu besuchen. Später stieß ich zufällig in einem Stadtpark noch auf einen Gedenkstein mit seinem Namen. In Erinnerung ist mir lediglich, dass in der Nähe eine Trauerweide stand, die ihre hellgrünen Frühlingszweige harmlos im Winde schaukeln ließ.

Die Liebe zu Pflanzen hat sich über seine Tochter, unsere Großmutter, in unserer Familie vererbt, wir alle lieben Pflanzen, legen Herbarien an, zeichnen und malen Blumen und Gräser – und mein Bruder Andreas, eigentlich Historiker, hat seltene Arten von Orchideen in heimischen Wäldern und Wiesen erforscht ebenso wie interessante Vegetation an den Rändern von Autobahnen – und darüber mehrmals im *Magazin* des *Tages-Anzeiger* publiziert.

Der Großvater lebte, seit Jahren schon verwitwet, an der Gloriastraße in Zürich und später in Kilchberg. Ich habe nur wenige Erinnerungen an ihn. Ein Foto zeigt ihn auf seinem kleinen Balkon sitzend bei der Lektüre eines Buchs, ein stiller Mann, der wenig Platz beanspruchte, aber auf mich eine große, wohltuende Ruhe ausstrahlte, der mich nie kritisierte, aber mich gern um sich hatte, weil er sehr kinderliebend war.

Allerdings gab es die Haushälterin des Großvaters, eine kratzbürstige Frau, besonders mit uns Kindern. Als ich zum ersten Mal in der Gloriastraße ins Bett gebracht wurde, mahnte sie mich, ja nicht ins Bett zu machen. Ich war damals schon weit über dieses Stadium hinaus, aber trotzdem passierte es wider Erwarten: Die Matratze hatte am Morgen einen feuchten Fleck. Der Großvater war die Ruhe selbst. «Sie meint es im Grunde gut», sagte er zu mir, nahm mich bei der Hand und machte mit mir einen Spaziergang an den See hinunter, wo wir das Dampfschiff bestiegen. Ich merkte: Für ihn hatte sich durch den Zwischenfall nichts verändert. Großvater war Spitalpfarrer am Kantonsspital Zürich und am Burghölzli, in Nachrufen wird seine Fähigkeit, zuzuhören und sich einzufühlen, besonders im Beruf, erwähnt. Er stand in Kontakt mit C. G. Jung, der damals im Burghölzli arbeitete, und korrespondierte über weltanschauliche Fragen mit ihm. Daneben betrieb er seine Sprachstudien und war überhaupt eine Art Privatgelehrter. Ich hatte großen Respekt vor ihm und fühlte mich von ihm beschützt. Es fiel mir auf, dass er den Vorfall des Bettnässens nicht nach Hause meldete und dass es um ihn

Großvater Eduard
Blocher auf seinem
Balkon in Kilchberg,
1941

überhaupt wenig Aufregung gab. Dass ein Mensch mit so wenigen Worten auskam und dabei doch so freundlich auf alle einging, war etwas mir bis dahin Unbekanntes. Wir gingen immer «in die Stadt», wie er sagte, er hatte seinen grauen Überzieher über den Arm gelegt und griff sich oft an den weißen Knebelbart, wenn ich ihn etwas fragte. Wie aufmerksam und liebevoll er mich wahrnahm, weiß ich erst aus der viel später gelesenen Korrespondenz meines Vaters.

An seiner Beerdigung, einer bescheidenen Feier, hielt mein Vater im Restaurant eine kleine Ansprache. Zuvor sah er sich aber ängstlich um im Raum und sagte: «Ich hoffe, ich kann hier offen sprechen?» (Es war 1942!) Dann donnerte er los gegen die Nazi-Regierung, die seiner Schwester, die in Deutschland lebte, die Teilnahme an der Beerdigung ihres Vaters verwehrt hatte. So erbittert habe ich meinen Vater selten gesehen.

Am Tag vor der Beerdigung haben wir mit der Familie Abschied vom Toten genommen, der in seiner Wohnung aufgebahrt lag. Es wurde in der Bibel gelesen, gebetet und geweint. Der Vater sprach mit sehr gepresster Stimme, mir schien eine unerträgliche Spannung in der Luft zu liegen. Das ernste Porträt des Großvaters hing jahrelang nach seinem Tod unmittelbar neben dem Schreibtisch meines Vaters, und ich dachte immer darüber nach, ob es für ihn das Bild eines Trösters oder eines Wächters sei.

Auf dem Nachttisch des Toten lag ein Büchlein, das der Vater erstaunt in seinen Händen drehte. «Das hat er ganz zuletzt gelesen?», fragte er kopfschüttelnd. Es irritierte ihn sichtlich, dass sein frommer Vater als vielleicht letzte Lektüre das wundervolle Liebesepos von Frédéric Mistral, *Mireille*, gewählt hatte. «Sogar in der provenzalischen Originalsprache hat er es gelesen», stellte er darin blätternd bewundernd fest und fuhr mit der Hand über das Papiermesser, das neben dem Büchlein lag und mit dem Großvater die Buchseiten aufgeschnitten hatte.

Der Großvater war ein Mensch, bei dem ich ohne Anstrengung Atem schöpfen konnte. Als Andenken an ihn hüte ich in meiner Bibliothek ein winziges Büchlein mit dreißig Gedichten von Goethe, das er mir zu meiner Geburt schenkte mit der Widmung: «Meiner hundert Jahre nach Goethes Tod geborenen Enkelin Judith Mathilde, 17. Brachmonat 1932.»

Am häufigsten reise ich in den Ferien zu meiner Patentante Berta Galli, der älteren Schwester meiner Mutter,

Gotte Berta Galli-Baur,
Wettswil

welche in Wettswil am Albis zusammen mit ihren beiden Buben, ihrem Mann und unserem Großvater Emil Baur im gleichen Haus wohnte.

Oft waren wir zu zweit dort, ich zusammen mit einem Bruder, Martin oder Gerhard. Ich weiß nicht mehr, in welchem Alter wir die Reise nach Wettswil zum ersten Mal allein machten. Wir müssen noch recht klein gewesen sein, denn die Angst vor diesem Abenteuer sitzt mir noch heute in den Knochen. Die Fahrt von Neuhausen nach Zürich und das Umsteigen in den Zug nach Affoltern ging noch, damals war der Hauptbahnhof noch übersichtlich. Wir genossen das Zugfahren, weil man die Fenster öffnen und die Haare im Wind flattern lassen konnte. Wir sangen drauflos in Konkurrenz mit dem Rattern der Räder, wir mussten nur aufpassen, dass wir keine Kohlepartikel in die Augen bekamen, der Zug fuhr noch mit Dampf.

Die große Angst setzte im Zug von Zürich nach Bonstetten-Wettswil ein, wo man auf keinen Fall den Ausstieg verpassen durfte. In schlaflosen Nächten zuvor hatte man es endlos repetiert: soundso viele Tunnels, dann links die Weiher der Zürcher Ziegeleien und dann …

Dann stand groß und breit die Gotte unter dem Bahnhofsdach, winkte, breitete die Arme aus und drückte uns an sich. «Han ich e Freud!!», war immer ihr Willkommensgruß, und sie strahlte übers ganze Gesicht.

Die Gotte war den ganzen Tag an der Arbeit, aber dies schien ihr Freude und Segen des Lebens zu sein, dabei wurden ihre flinken Hände stets begleitet von ihrem Mund, der all das erzählte, was sie erlebte – und das war viel, und sie ließ mich teilhaben an allem.

Das etwas abseits vom Dorf stehende Haus gab viel Arbeit und der Garten mit den vielen Gemüsebeeten und Beerenstauden erst recht. «Schau mal, was wieder aufgegangen ist über Nacht», strahlte sie und klatschte in die Hände. «Der Salat ist schon so groß, bald schießt er in die Höhe!» Wenn sie sich eine Weile gebückt hatte und wieder aufrichtete, fasste sie mit der Hand an den Rücken, der oft schmerzte, und meinte: «Wir müssen dankbar sein für unseren Pflanzblätz», dann gab sie mir vor lauter Freude einen Kuss. Ihr Mann Alex war Werkmeister in der Maschinenfabrik Oerlikon, aber in der Krise der dreißiger Jahre war er auch arbeitslos gewesen. Die Gotte musste mit Heimarbeit helfen, sie nähte Herrenhosen. Der Tisch in der guten Stube war übersät mit Schneiderutensilien, ich höre noch das Geräusch ihrer Schere, die den Stoff entlang des Schnittmusters zuschneidet. Sie war äußerst kon-

Judith und Martin auf Bänkli, 1935

zentriert, ich durfte sie nicht stören, sonst entstehe, wie sie sagte, «ein heilloses Unglück». Ich ordnete die herumliegenden Stecknadeln ins Nadelkissen und las am Boden die Fäden zusammen. War sie mit der Arbeit zu Ende, schüttelte sie die Schürze aus, nahm mich in den Arm und sagte: «Wie schön ist es, dass du da bist und die Fäden aufliest, das tut meinem Rücken gut.» Ich war glücklich.

Ich liebte die Gotte heiß. Sie lobte mich und hatte mich spürbar gern. Ihr liebstes Lied war: «Einen goldnen Wanderstab ich in meinen Händen hab, aus dem Himmel ist er her, zu dem Himmel zeiget er. Dieser Stab, er ist mein Glaube, stark und mächtig schützt er mich ...» Ich sah ihr gerne zu, wenn wir sangen. Da geriet der ganze Körper ihrer groß gewachsenen Gestalt in Bewegung, Bauch und Hüfte zitterten, ihr Blick richtete sich nach oben, als wolle sie dort hinein weitersingen, woher alle Hilfe kommt, und ihr kleines Bürzi im Nacken aus glänzendem schwarzem Haar bewegte sich im Takt der Musik.

In der Küche, umgeben von dampfenden Wähen, ich saß auf meinem Taburett und legte ein Blech mit Apfelschnitzen aus, sangen wir «Gott ist die Liebe ...» mit dem Refrain in jeder Strophe: «Drum sag ich's noch einmal, Gott ist die Liebe, Gott ist die Liebe, er liebt auch mich.» Zu Hause hatte der Vater mit ironischem Lächeln das Lied als wenig wertvoll beurteilt, der Text sei allzu simpel und die Melodie reichlich kitschig. Da ich es trotzdem so gerne sang, meinte er einmal mit Augenzwinkern: «Unsere Judith ist ein Schmachtfetzen, sie wird uns später sicher noch katholisch», wobei er auf meine Verzauberung anspielte, wenn wir bei Wanderungen katholische Kirchen aufsuchten und ich in Kerzenglanz und Marienkult versank. Aber bei der Gotte durfte ich nach Herzenslust alles aus dem Bauch heraufholen, was dort zusammengepresst am Ersticken war.

In der Küche der Gotte erfuhr ich von vielen ländlichen Schicksalen in ihrer Umgebung. Von Betrug und wüsten Händeln war da die Rede, einer fälschte ein Testament, ein anderer nahm dem Freund die Frau weg, aber auch Krankheiten und unerklärliche Schicksalsschläge beschäftigten die Gotte.

Wenn jemand sich durch eigenes Zutun ins Unglück stürzte, konnte sie das ungeheuer beschäftigen, sie nannte das «sich versündigen». Sie konnte das fast nicht verzeihen, was sie aber ihrer christlichen Überzeugung gemäß hätte tun müssen. Ihren Zorn, ihre Verurteilungswut bezeichnete sie als «Anfechtung». «Wenn ich nicht vergeben kann, bin ich pharisäisch, das muss man Gott überlassen», sagte sie und bat beim täglichen Morgengebet darum, dass sie von diesen Anfechtungen erlöst werde. Das Wort «Anfechtung» war mir unbekannt, und ich fragte später Vater, was es bedeute. Er kratzte sich in den Haaren und sagte mit ärgerlicher Handbewegung: «Im Grunde sind das Einbildungen – aber ich habe sie auch.» Da ich ihn ratlos ansah, fügte er hinzu: «Wir sind oft strenger als Gott mit uns.»

Ausgerechnet sie, die das Böse so hasste, hatte zwei Buben, denen das Verüben von «Streichen» große Lust bereitete. Sie kletterten die Außenwand des Hauses empor, um über den Balkon ins Schlafzimmer der Mutter zu gelangen und sie beim Mittagsschlaf zu erschrecken. Sie sausten mit dem Leiterwagen ohne zu bremsen den Berg hinunter, obwohl dies streng verboten war, und – ganz schlimm – schnitten im Garten den Spinat mit der Schere ab, statt ihn sorgfältig Blatt um Blatt mit der Hand abzupflücken. «Das ist einfach eine Sünde», empörte sie sich und meldete den Frevel abends dem müde nach Hause kommenden Familienvater.

Dieser hatte eine Zornader, und wenn die Nachricht des neuen Eintrags im Sündenregister seiner Söhne zur Unzeit kam, konnte es passieren, dass er den «Hageschwanz», die Weidengerte holte und die Buben regelrecht durchschmierte, sodass sie tagelang kaum sitzen konnten. Diese Strafmethoden waren in meiner Jugend verbreitet, gehörten gewissermaßen zu einer ordentlichen Erziehung. Viele hatten die Bibelstelle «Wer sein Kind liebt, der züchtigt es» extrem verinnerlicht. Lehrer zogen die Kinder an Ohren und Haaren; wir mussten unsere zarten Fingerspitzen zusammenbüscheln, damit der Lehrer seine Tatzen auf die empfindlichsten Stellen sausen lassen konnte. Wenn man sich vorstellt, wie so ein kleines Wesen vor seinem Peiniger steht, der alle Macht in seinen Händen hat, und seine Fingerchen hinhalten muss, damit der Mann seinen Stock darauf ausprobiert! Mir scheint, dass noch im letzten Jahrhundert die Ansicht herumgeisterte, Kinder seien eine Sache, die man sich zurechtbiegen müsse.

Bei uns zu Hause waren körperliche Strafen eher selten. Aber auch bei uns herrschte der Brauch, dass die schlimmsten Taten dem Vater gemeldet wurden, damit er als Familienvorsteher die dafür vorgesehenen Strafmaßnahmen vollzog. Zuerst kam das Verhör, dann die Strafpredigt, das zerknirschte, tränenreiche «Es tut mir leid», und darauf beugte man sich über den Tisch, damit der Vater das Hinterteil fand. Die Hiebe seiner Hand taten aber nicht wirklich weh.

Größere Schmerzen empfand ich, weil ich dem Vater wehgetan hatte, die Verzweiflung stand ihm während der Prozedur ins Gesicht geschrieben. Ich empfand seine Hiebe weder als Strafe noch als Sühne, sondern nur als Demütigung, die mich unendlich hilflos zurückließ. Eigentlich war es die Erkenntnis, man sei dem Bösen einfach ausgeliefert, sowohl Tochter wie Vater, als renne man nutzlos dagegen an.

Die große Kraftquelle meiner Gotte war ihre Tätigkeit als Sonntagsschullehrerin. Ihre Freude an der Verkündigung des Evangeliums und ihr Spaß an Kindern flossen dort zusammen, und da sie ein ausgesprochenes Erzähltalent besaß, hielt sie mühelos bis zu fünfzig Kinder beieinander. Im Sommer fand die Sonntagsschule im Freien statt, auf dem Bühlplatz von Wettswil. Meine Brüder, welche die biblischen Geschichten längst kannten, setzten sich in die Nähe der Hecken, die den Platz umgaben, und vergnügten sich damit, Schnecken zu suchen und Würmer zu zerschneiden. Ich sah gespannt zu, wie lange die Wurmteile sich noch bewegten.

Obwohl wir uns immer sehr auf die Wettswiler Ferien

freuten, litten wir gleichzeitig unter grausamem Heimweh. Sobald die Gotte ihr Gutenachtgeschichtchen erzählt und das Licht gelöscht hatte, kroch es herauf, dieses herzzerreißende Weh, wir schluchzten, krochen zueinander ins Bett.

Am Tisch in der Küche saß auch stets unser Großvater. Er verhielt sich so still und rücksichtsvoll, dass man hätte meinen können, er sei ein Gast. In Wirklichkeit war er aber doch der Besitzer und Erbauer des Hauses, in welchem alle wohnten. Meine Gotte bediente ihn mit größter Ehrerbietung und sorgte liebevoll für ihn, der von allen als sehr bescheiden beschrieben wurde. Ich begleitete den kleinen rundlichen Mann, wenn er in den Weihern der Zürcher Ziegeleien fischen ging. Da höckelten wir am Rand des Tümpels, Großvater hielt die Angel, ich beobachtete die Ringe im Wasser und die breitbeinigen Frösche, die mit einem plötzlichen Gump ins Wasser juckten und die wir nachts jeweils hörten, wenn ihr Quaak einen Heidenlärm vollführte. Ich glaube, wir haben nicht viel gesprochen. Wir schwiegen, aber ich saß sehr gern neben ihm. Manchmal besuchte er uns im Pfarrhaus Laufen, dann brachte er immer einen Kranz Bananen mit, für uns Kinder ein außergewöhnliches Ereignis.

In Gesprächen nach seinem Tod machte meine Mutter, die ihn genauso ehrerbietig behandelte wie die Gotte, auch einige Einschränkungen. Sie glaubte, der Vater sei vielleicht ein wenig überfordert gewesen von seinen Aufgaben. Als drittgeborener Sohn einer Bauernfamilie habe es für ihn kein Auskommen gegeben auf dem Hof, sodass er froh gewesen sei, nach seiner kaufmännischen Ausbildung in der nahen Ziegelei unterzukommen. Dort sei er dann im Lauf seines Lebens bis zum Direktor aufgestiegen. Durch seine Karriere sei er in eine andere Welt geraten. Mutter meinte,

Großeltern Emil und Berta Baur-Baur mit Töchtern Berta, Ida und Frieda (v.l.)

dass er sich dort wahrscheinlich nie ganz wohl gefühlt habe. Seine Vorgesetzten, die Herren von den mächtigen Zürcher Ziegeleien, kamen aus der Stadt. Vermutlich sei er sich ihnen gegenüber immer sehr klein vorgekommen, obwohl er sicher geschätzt wurde, sonst hätten sie ihn ja nicht befördert.

Mutter erzählte: «Mein Vater hat immer schwer getragen an der Verantwortung, die ihm auferlegt war, sei es als Arbeitgeber oder etwa im Vormundschaftswesen, für das er als Gemeinderat und später als Gemeindepräsident von Wettswil zuständig war. Musste jemand in ein Heim gebracht oder Kinder aus einer Familie gegen deren Willen umplaziert werden, dann beschäftigte ihn dies tagelang, und er konnte nur schlecht schlafen. Wir Kinder wurden dann beim Frühstück ermahnt, uns anständig zu verhalten, weil ‹die Sorgen den Vater zu Boden drücken›.»

Mutter schilderte unsere längst verstorbene Großmutter immer als die Feinfühligere von beiden. Sie habe sehr viel gemerkt und gespürt, was andere nicht wahrnehmen. Als in ihren letzten Lebensjahren Demenz und geistige Umnachtung überhandnahmen, hat meine Mutter sie bis zu ihrem Tod rund um die Uhr betreut. Mein Vater musste mit der Brautwerbung so lange warten. Vorher sei nichts zu machen, hatte die Mutter kategorisch erklärt. Das geht aus den Briefwechseln des Brautpaars hervor.

Ich erinnere mich gut an die Beerdigung meines Wettswiler Großvaters. Er starb ungefähr zur selben Zeit wie der Großvater von Kilchberg. Das ganze Dorf nahm daran teil. Es war alles sehr feierlich, es wurden Zylinder getragen, die Dorfmusik spielte, Vereinsfahnen senkten sich ins offene Grab. Ich gewann den Eindruck, der bescheidene «Herr Direktor» sei überall hochverehrt und beliebt gewesen.

Meine Gotte wurde gegen Ende ihres Lebens wohlhabend, da sie das Land, welches sie vom Vater geerbt hatte, als Bauland teuer verkaufen konnte. Wettswil ist heute total zugebaut und gehört zur Agglomeration von Zürich. Meine Mutter hatte sich bei der Erbteilung für das eher kleine Barvermögen entschieden und Haus und Boden den Schwestern überlassen. Nach meinem Gefühl hat die Gotte nicht viel gehabt vom Wohlstand, sie hatte mit Spekulanten und mit der Missgunst anderer zu kämpfen und lebte ihr bescheidenes Leben im alten Haus bis zu ihrem Tod weiter.

In jeder Familie gibt es Tabus, gibt es das Wirken geheimer Kräfte, die verborgen und dennoch aktiv sind. Solche Tabus dürften sich bis heute in der Wettswiler Vergangenheit verbergen, wenigstens für mich.

Meine Mutter konnte einmal ganz unmotiviert zu mir sagen: «Mein Vater *musste* die italienischen Fremdarbeiter entlassen ...», und dazu machte sie ein ganz böses Gesicht, als müsste sie sich gegen irgendwelche Vorwürfe verteidigen. Dabei hatte ich bis zu jenem Augenblick gar nicht gewusst, dass Großvater italienische Fremdarbeiter beschäftigt hatte. Die Mutter wollte aber mit näheren Angaben nicht herausrücken. Es muss einen inneren Zwiespalt im Selbstverständnis der bescheidenen, bodenständigen und christlichen Familie gegeben haben, das sich nicht vertrug mit Dingen wie Position, Macht und Geld.

So wurde es mir erst im reifen Erwachsenenalter bewusst, dass es die Mutter war, die mit ihrem bescheidenen Erbanteil unsere Familie während den kostenintensiven Jahren, wo mehrere Kinder in Ausbildung waren, entscheidend gestützt hat. Davon haben weder sie noch der Vater je gesprochen, sowie überhaupt das Thema Geld kaum je erwähnt wurde. Und schon gar nicht, dass die Mutter vermögender war als der Vater.

Vor einigen Jahren veranstalteten die Nachkommen von Berta, Frieda und Ida Baur, also den inzwischen verstorbenen Töchtern unseres Großvaters Emil Baur-Baur, ein Treffen in Wettswil. Dabei fiel mir auf, dass mein Bruder Christoph, sonst an Familienfeiern immer sehr zurückhaltend mit seinem Reichtum, mit seiner Frau im offenen Cabriolet im Dorf vorfuhr. (Er konnte mich darum anschließend nicht mit zur Bahn nehmen, denn es war nur ein Zweisitzer.)

Es war ein sehr gelungenes Treffen, umsichtig arrangiert von meiner vor Jahren nach Amerika ausgewanderten Schwester Hedwig. Wir tauschten lebhaft und fröhlich unsere jeweiligen Wettswiler Kindheitserinnerungen aus. Christoph erzählte – bekanntlich kann er meisterhaft erzählen – , wie er als kleiner Knirps während eines Ferienaufenthalts in Wettswil im Areal der Zürcher Ziegeleien ganz allein im hohen stillgelegten Kamin die Eisentreppen hochgeklettert sei und ganz oben über den Rand auf das Dorf Wettswil hinuntergeschaut habe, mit Visionen ... Im Anschluss an unsere Zusammenkunft suchte er noch einige bäuerliche Verwandte in Wettswil auf, und später sahen wir ihn auf dem verwahrlosten Areal rund um das leerstehende Geburtshaus unserer Mutter herumstreichen. Ich weiß nicht, welche Gedanken ihm dabei durch den Kopf gingen.

Meine Mutter war mit ihren Schwestern lebenslang eng verbunden und hat bis zu ihrem Tod mindestens einmal jährlich an sogenannten Cousinen-Zusammenkünften ihrer ländlichen Verwandten teilgenommen. Es war ihr sehr daran gelegen, nie zu fehlen, und sie blieb stark integriert in diesem Kreis, erzählte uns auch gelegentlich von diesen Verwandten, die sie immer als sehr feinfühlig und sensibel beschrieb.

Erst kurz vor ihrem Tod vertraute mir die Mutter an, immer darunter gelitten zu haben, dass niemals eines ihrer Kinder sie zu diesen Zusammenkünften begleitet habe. Ich war wie vor den Kopf geschlagen. Nie hatte die Mutter auch nur mit einem Wort diesen Wunsch uns gegenüber geäußert. Ich bin stets davon ausgegangen, es sei die geschlossene Gruppe von wirklichen Cousinen mit ihren Männern, die sich da treffe. Meine Mutter hat unser Bei-

Ida Blocher-Baur, 1986

seitestehen aber als fehlendes Interesse gegenüber ihrer Familie ausgelegt und darunter gelitten. Mein Mann Sergio hat Mutter Ida, die ihren Schwiegersohn sehr geliebt hat, dann noch an ein letztes Cousinen-Treffen begleitet, während ich verhindert war. Seither haben wir noch Kontakt mit einer Familie aus dem Cousinen-Kreis.

Die Mutter hatte recht. Wir haben in der Familie nie recht hingeschaut, woher sie eigentlich kam. Das Herkommen des Vaters war dominant.

Die Stiefmütterchen

(Was mir meine Mutter Ida über ihre Mutter erzählte.)

Auf einem alten Foto sitzt Ida auf der Steintreppe vor ihrem Elternhaus. Der einfache Backsteinbau heißt im Dorf «Direktor-Haus». Es steht nahe beim Bahnhof Bonstetten-Wettswil. Eine halbe Stunde vom Dorfzentrum entfernt, ist es recht abgelegen.

Ida kratzt sich am Fuß. Ihr ist etwas langweilig. Die Mutter schläft noch immer, ihr Mittagsschlaf wird in letzter Zeit immer länger. Die großen Schwestern sind in Zürich in der Schule. Der Vater ist selten daheim, er hat viel zu viel zu tun in seinen Ämtern.

Ida sinnt darüber nach, warum die Mutter, wenn sie allein in der Küche ist, halblaut vor sich hinspricht. Manchmal ballt sie die Faust und reckt sie gegen das Fenster. Es ist schon vorgekommen, dass sie verschwunden ist, weggelaufen. Ida hat dann große Angst. «Mutter, Mutter!», ruft sie im Garten, auf der Straße, im Bahnhofsareal. Endlich kommt der Vater nach Hause und hilft suchen. Sie finden die Mutter, sie sitzt auf einem offenen Feld und lässt sich willig nach Hause führen. Der Vater streichelt Ida über die Haare: «Du musst keine Angst haben, wir finden die Mutter immer.»

Wenn sie nur nicht mehr verschwindet!, denkt Ida und hält sich nun immer ganz nah bei der Mutter auf.

Ida geht nun zur Schule. Sie freut sich immer darauf, ist eine gute Schülerin. Im Zeugnis hat sie fast lauter Bestnoten. Der Lehrer Paul Hinderer lobt sie und meint: «Willst du nicht Lehrerin werden? Du bist aufgeweckt und arbeitest sehr genau.» Doch, ja, Ida will sehr gerne Lehrerin werden! Sie hat auch den Lehrer sehr gern. Nun darf sie auch zu ihm in die Klavierstunde.

Aber am liebsten ist sie in der Nähe der Mutter, auch wenn es ihr manchmal Angst macht, wenn sie so durcheinanderredet.

«Meine Mutter sah hinter die Dinge, sie sah manches, was andere nie entdeckten. Sie war sehr feinfühlig und nahm die Schmerzen von anderen Menschen intensiv wahr, aber auch Ungerechtigkeiten, die ihnen geschahen. Das ließ sie nicht los. Ich liebte meine Mutter sehr, sie war ein innerlich sehr reicher Mensch und blieb das auch, nachdem sie schon verwirrt war», sagte sie später einmal.

Im Frühjahr begleitete Ida die Mutter, wenn sie zu den Gräbern ihrer Lieben ging, um sie neu zu bepflanzen. Sie wanderten zusammen durchs Wäldchen und über den Berg hinunter auf den Friedhof von Stallikon, Ida immer ganz nahe bei der Mutter. Durch die Falten des Stoffs ihrer immer sehr guten Kleidung spürte sie Geheimnisvolles. Die Mutter duftete nach Mutter. Sie trug Hacke und Gießkanne, Ida das Körbchen mit den Stiefmütterchen. Auf dem langen Weg erzählte die Mutter, was sie bewegte, sie müssen sich dabei sehr nahe gewesen sein. Einmal sagte die Mutter zu ihr: «Du bist ein Verständiges» und schaute ihr in die Augen. «Dein Vater hat zu diesen Dingen keinen Zugang, ein so ordentlicher Familienvater er auch ist.»

Ida ist nun ein junges Mädchen und konfirmiert. Die Ausbildung zur Lehrerin hat sie inzwischen begraben. Sie will bei ihrer kranken Mutter bleiben und für den Vater den Haushalt machen, denn die Mutter ist inzwischen dazu nicht mehr imstande. Zwar hat der Vater ihr angeboten, ihr wie den beiden älteren Töchtern eine Berufsausbildung zu ermöglichen, für die Mutter werde sich schon eine Lösung finden. Aber das wollte Ida nicht.

Eine kleine Gegenwelt zum eintönigen Alltag war das Klavierspiel. Sie nahm auch weiter Stunden bei Lehrer Paul Hinderer. Und dann kamen die zuerst heimlichen Kontakte mit ihrem Konfirmanden-Pfarrer Wolfram Blocher aus Bonstetten, zehn Jahre älter als sie, aber fest entschlossen, sie und keine andere zu heiraten. Ihr Vater stellte sich zuerst gegen die Verbindung, gab im Lauf der Jahre aber nach. Ida schenkte ihr Herz sofort dem zwar nicht unbeliebten, aber streitbaren und unbequemen Pfarrer.

Nach dem Tod der Mutter kam sie durch die Heirat in eine ganz andere Welt. Im Pfarrhaus Bonstetten musste sie lernen, mit einer Hausangestellten umzugehen – in Pfarrhäusern der damaligen Zeit gehörten Dienstmädchen einfach dazu. Vor der Ehe war sie von ihrem späteren Mann für ein halbes Jahr nach Deutschland zu seiner Schwester geschickt worden, die in Barmen mit einem Pfarrer verheiratet war. Dort sollte sie Sitten und Gebräuche in gebildeten Ständen kennenlernen und sich für die Rolle der Pfarrfrau vorbereiten.

Lernbeflissen ist meine Mutter immer gewesen, aber es spricht aus ihren Briefen jener Zeit auch ein fester Wille und die innere Selbstständigkeit eines Menschen, der sich die Grundsätze fürs eigene Leben bereits zurechtgelegt hat.

Die Ehe mit Wolfram muss anstrengend für sie gewesen sein. Und trotzdem hat sie unverbrüchlich zu ihm gehalten. Als er nach mehr als vierzig Jahren Ehe starb, blühte meine Mutter in der Kraft ihrer Liebe noch einmal richtig auf: Wie ein verliebtes junges Mädchen saß sie am Tisch und schrieb an Verwandte und Freunde Briefe, in denen sie Wolfram pries, ihren immer Geliebten, der nach ihrer Meinung so oft missverstanden worden war. Es war keine Ehe, in der man sich arrangiert hatte, da gab es auch heftige Dispute und Kräche, aber unverbrüchlich hielten sie das hoch, was sie einmal füreinander begeistert hatte. Eigentlich waren meine Eltern vom ersten bis zum letzten Tag ineinander verliebt.

Doch das Heimweh nach der Wettswiler Welt blieb heimlich in Mutter lebendig. Am Tag vor Weihnachten, wenn sie die Vorbereitungen für das Familienfest und die Pflichten für die Menschen, die sie in der Gemeinde betreute, beendet hatte, setzte sie sich spätabends noch ans Klavier und spielte einige Strophen des Liedes, welches ihre Familie zu Hause an Weihnachten immer gesungen hatte: «Die heiligste der Nächte ...» Das Lied, das in unserem Kirchengesangbuch stand, wurde von unserem Vater nie aufgeschlagen, er fand es nicht gehaltvoll, aber die Mutter trennte sich nicht von ihm. Einsam in unserer guten Stube sitzend, spielte sie es Jahr für Jahr vor den von ihr liebevoll vorbereiteten Tischen der Weihnachtsbescherung für sich ganz allein.

Die Herkunft der Familie Blocher war bei uns daheim vor allem präsent in großen Folianten mit den handgeschriebenen Lebenserinnerungen unseres Großvaters Eduard, unseres Urgroßvaters Emanuel und unseres Ururgroßvaters Johann Georg Blocher, welcher als armer Schulmeister aus Süddeutschland in die Schweiz eingewandert war und in Schattenhalb ob Meiringen eine Anstellung als Lehrer der verwaisten Schule antrat.

Aus diesen versammelten Lebenserinnerungen las uns der Vater zuweilen an Sonntagabenden vor. Mir ist dabei vor allem in Erinnerung, dass mich die handgestrickten Strümpfe in den Kniekehlen juckten oder ich einen unerklärlichen Hustenreiz bekam, der störte. Das lag nicht an den Lebenserinnerungen, sondern am Druck, selber leben zu wollen. Die längst vergangenen Lebensgeschichten von Menschen, die ich niemals gekannt hatte, schienen mir nichts mit meinem Leben zu tun zu haben.

Aber die Herkunft wurzelt tief, und immer wieder kann es vorkommen, dass die Geschichte lebendig wird und vor uns steht als ein Teil von uns selbst. Vor einigen Jahren bin ich von der reformierten Kirchgemeinde St. Antoni im Kanton Freiburg zu einer Lesung aus meinem Kindheitsroman eingeladen worden. Der Pfarrer holte mich mit dem Auto in Freiburg ab. Wir fuhren durch die Nacht, die mehrfach stockfinster wurde, weil zwischen den weitverstreuten Dörfern die Straßen nicht beleuchtet waren. Ab und zu wies der Pfarrer mit dem Zeigefinger auf ein Haus und erklärte: «Hier wohnen Protestanten!» Kein Wunder: Wir waren in der Diaspora eines noch immer als schwarzkatholisch bekannten Kantons!

Schließlich hielt der Wagen mitten auf einer Wiese, auf der das hell erleuchtete schmucke Schulhäuschen der Ge-

Judith zwölfjährig in
der Primarschule
Uhwiesen, 1944

meinde stand. Drinnen saßen auf Bänken dicht an dicht die protestantischen Bewohner der weitverzweigten Gemeinde. Wie erstaunt war ich, als ich sehr herzlich begrüßt wurde als Ururenkelin des ersten Lehrers dieses Fleckens! Und es war, als hätte Johann Georg Blocher erst gestern und nicht im vorletzten Jahrhundert hier gelebt! «Wo hat er denn gewohnt?», fragte ich ungläubig. «Grad da oben. Auf dem Hoger! Das Haus ist jetzt am Verfallen, es wohnen Tamilen darin.» Und ich vernahm, dass der Ururgroßvater keinen Reallohn erhalten hatte, sondern mit einer Gratiswohnung und einem großen Pflanzblätz seine Familie ernähren musste. Er war nach einigen Jahren in Schattenhalb ob Meiringen von der Landeskirche des Kantons Bern hierher verpflanzt worden und war, wie ich nun erlebte, unvergessen. Als vor Jahren der Schulhaus-Neubau eingeweiht worden sei, war zum Fest auch der Enkel des ersten Lehrers, mein Großonkel Eugen Blocher, Altbundesrichter, eingeladen. Er brachte kopierte Seiten aus den Lebenserinnerungen seines Großvaters mit. Und an meinem Leseabend stand jemand auf und las diese Seiten nochmals vor, worauf alles durcheinanderschwatzte und Erinnerungen an die eigene Kindheit vorbrachte. Ich konnte dann meine mit der Lesung nur noch anfügen!

Als wir am Ende des mir unvergesslichen Abends durchs Dunkel nach Freiburg zurückfuhren, wurde mir einmal mehr bewusst, dass ein Mensch wie ein Glühwürmchen sein kann, das immer noch leuchtet und Heimatlichkeit stiftet, auch wenn es selbst schon längst gestorben ist.

Die Folianten wurden in meiner Kindheit lebendig, als eines Tages eine Einladung eintraf zu einem Ferienaufenthalt bei unserem Großonkel Werner Blocher, der zusammen mit seiner Schwester Helene in Basel lebte. Vater freute sich sehr über diese Einladung. Jahrzehntelang war die Verbindung zu den Geschwistern unseres Großvaters unterbrochen gewesen. Seine drei Brüder und zwei Schwestern waren in jungen Jahren Sozialdemokraten geworden und gleichzeitig aus der Kirche ausgetreten. Lediglich mein Großvater, der Älteste der Geschwisterschar, hatte am Glauben festgehalten. Der Bruch war unvermeidlich, denn die Blochers sind nicht irgendwelche schweigsamen Passivmitglieder – wenn sie dabei sind, dann lassen sie verlauten, was sie richtig und falsch finden. Erst im Alter näherten sich die Geschwister einander wieder vorsichtig an. Die Einladung an die Kinder von Wolfram war in diesem Sinne zu verstehen.

Am Vorabend unserer Abreise klärte uns der Vater über

den beendeten Familienzwist auf und schärfte uns ein, keine unpassenden Fragen zu den Themen Kirche und Religion zu stellen. Er respektiere die Überzeugung der Verwandten, Onkel Werner sei ein höchst gebildeter, gescheiter Mann, von welchem wir bestimmt viel lernen könnten.

Kaum hatten wir in Basel unser Köfferchen abgestellt, eröffnete uns auch Onkel Werner, dass er einen hohen Respekt habe vor unserer Erziehung. Deshalb hätten er und seine Schwester, die nicht Mitglieder der Kirche seien, Bekannte gebeten, uns am Sonntag für den Gottesdienst abzuholen. (Eher eine Enttäuschung für Martin und mich!) Man wollte nur noch wissen, welcher Glaubensrichtung unsere Eltern angehörten, «positiv» oder «liberal» – eine in den Kirchgemeinden Basels damals sehr wichtige Unterscheidung. Wir wussten es nicht, aber ich sagte aufs Geratewohl «positiv», weil mir das Wort besser gefiel. Martin sah mich von der Seite her an. Damit war der Weg frei für die richtige Wahl des Gottesdienstes. Die Klärungen waren von beiden Seiten der Verwandtschaft offensichtlich mit großer Sorgfalt getroffen worden.

Mein Bruder und ich hatten uns ein wenig vor dem Aufenthalt bei den unbekannten Leuten gefürchtet, aber Onkel Werner war herzlich und unkompliziert, Tante Helene um unser Wohl recht besorgt. Sie wollte zum Beispiel wissen, was wir gerne und nicht gerne aßen – zu Hause musste man essen, was auf den Tisch kam.

Onkel Werner führte Martin sofort in seine riesige Bibliothek. Martin ging hier eine neue Welt auf: Der Onkel konnte Bücher so erklären und erzählen, dass er damit junge Menschen begeisterte. Auch bei ihm muss sofort eine Liebe zu Martin, der so aufnahmebereit und interessiert war, entstanden sein. Als wir abreisten, trugen manche

Bücher in den Regalen auf der hinteren Einbandseite den Vermerk: «Nach meinem Ableben an Martin». Onkel Werner hatte keine Kinder, er war Sekundarlehrer gewesen und hatte sich als Mitglied der Vormundschaftsbehörde mit großem Einsatz für benachteiligte Jugendliche eingesetzt, wie ich nach seinem Tod in einem Nachruf gelesen habe.

Ich hielt mich mehr bei Tante Helene auf. Sie war Handarbeitslehrerin gewesen. Die ledige Frau war Mitglied des Basler Lehrerinnenvereins für Frauenstimmrecht, später bekannt als «Basler Sufragetten». Aber zu Hause war sie einfach Hausfrau. Sie zeigte mir, wie man Schnittmuster für Schürzen und Nachthemden macht, und kaufte mir Stickgarne, für mich ein Eldorado, denn ich lebte damals meine Phantasie vorwiegend in Handarbeiten aus, dem klassischen Fluchtort für Frauen, denen nichts anderes übrigbleibt. Übrigens lasse ich mich beim Denken bis heute gern von einem Strickzeug begleiten. Das Abstricken eines Fadens, Masche um Masche, bringt mir die Geduld bei, um meinen Denkfaden abzuwickeln und Verknäuelungen zu lösen. Wenn ich eine Stunde «gehirnt» habe, stecke ich die Nadeln zusammen, wickle den Faden drum und streiche befriedigt über die Zentimeter, um die meine angefangene Jacke gewachsen ist.

Onkel Werner besuchte mit uns die wundervollen Museen der Stadt und erzählte auf unseren Gängen von seiner Jugend. Sein Vater, unser Urgroßvater Emanuel Blocher, hatte in Münchenstein bei Basel ein kleines Unternehmen geleitet, und seine Söhne haben in Basel studiert. Der Auffallendste von ihnen muss Hermann gewesen sein, den ich nicht gekannt habe. Der Jurist stieg in Basel bis zum Regierungspräsidenten auf, hatte aber durch seine streitbaren, sehr scharf argumentierenden Reden und die Radikalität seiner Ansichten viele Gegner. Als führender Sozialist leitete er die Zweite Internationale der sozialistischen Arbeiterbewegung mit, die in Basel stattfand. Kurz vor Beginn des Ersten Weltkriegs hätte er den deutschen Kaiser anlässlich seines Besuchs in der Schweiz in Basel empfangen sollen. Da dies aber mit seiner Gesinnung kollidierte, weigerte er sich, diese Amtspflicht zu übernehmen. Es kam zu einem Skandal, und Blocher musste zurücktreten, bekam dann einen Botschafterposten in Schweden. In unserem Familienarchiv befinden sich einige Dokumente über diesen Mann, die Hermann Blocher als hochintelligent, als wenig kompromissbereit und sehr verletzlich beschrieben. Ich hätte ihn gerne gekannt.

Vom dritten Bruder von Werner Blocher, Eugen, der in Genf als Bundesrichter amtete, waren wir anschließend an den Aufenthalt in Basel in die Ferien eingeladen. Ich habe diesen Großonkel und seine Familie als sehr freundlich kennengelernt, mehr weiß ich nicht mehr. Rückblickend kommen mir die Verwandten in Basel wie auch die in Genf als sehr «bürgerlich» vor, man hielt sich sehr an konventionelle Regeln und Bräuche, schaute darauf, dass beim Ausgehen die Farben von Schuhen und Handtaschen zusammenpassten und pflegte eine sehr höfliche Konversation. Die Tante in Genf lehrte mich, dass ich den Bauch nicht so rausstrecken und bei Einladungen nicht so viel lachen solle. Demgegenüber sind wir in Laufen wie Wilde aufgewachsen, meinem Vater waren Konventionen so gut wie wursch.

Im Gegensatz zu uns besaß Onkel Werner ein Radio. Dieses betrachtete er aber nicht als Mittel zur Unterhaltung, für ihn war es vielmehr ein Kulturbringer, den er verehrte und dem er seine Referenz erwies. Was konnte man sich da alles in die gute Stube holen! Dafür hatte man sich dieser wunderbaren Gabe auch als würdig zu erweisen. «Mit zerrissenen Schlarpen hört man nicht Mozart», erklärte er, schlurfte ins Schlafzimmer, zog sich die Schuhe an, um das Konzert anzuhören, das er sich vorher im Programmheft herausgesucht und wofür er Partituren und Programmhefte bereitgelegt hatte von Konzerten, die er früher einmal besucht hatte. Und dann versank man in den tiefen Sesseln und hörte mäuschenstill zu. Hinausgehen, etwas trinken und dergleichen war verpönt. Wenn die letzten Töne verklungen waren, hob Onkel Werner den Kopf, und man sah den Glanz dessen, was er bis in die Tiefe erlebte hatte, in seinen Augen. «Es fehlt die Gelegenheit für einen angemessenen Dank mit Applaus», meinte er und blieb noch einige Minuten respektvoll sitzen. Vorsichtig folgte hinterher auch mal Kritik, denn er hatte es schon besser gehört, die Tempi, die Geigen – da konnte er rufen: Wie waren doch früher die Sängerinnen schön! Das fehlt einfach!

Meine lebenslang fernseh- und radiolosen Eltern haben sich im Alter einen Plattenspieler schenken lassen. Da konnte man meinen Vater mit Tränen im Korbsessel sitzen sehen, so erschüttert war er, dass er seine Lieblingsmusik, Mozarts C-Dur-Konzert für Flöte und Harfe, hören durfte, ohne sich sorgfältig anzukleiden, auf den Zug zu eilen, um später noch mit dem Tram in die Tonhalle Zürich zu pressieren, wo er vielleicht wegen Sehschwäche seinen Platz gar nicht finden würde.

Zum Abschied beschenkte Onkel Werner Martin mit kostbaren Kunstbänden, zum Beispiel über Dürer oder Rembrandt. Dann sagte er zu mir: «Ich habe mich bei Helene erkundigt, was man einer jungen Dame schenkt.

Sie meinte: Seidenstrümpfe», und er übergab mir ein Päckchen in rosa Geschenkpapier. Ich erinnere mich noch heute an den Stich ins Herz, den dieser Akt bei mir bewirkte!

Aber meine späteren Kontakte mit Tante Helene lehrten mich, mit welch schleppenden Schrittchen die Frauenemanzipation im vergangenen Jahrhundert sich vorwärtskämpfen musste. Die Basler Sufragetten waren bekannt als freche Weiber, die scheinbar alle Macht an sich reißen wollten. Als Lehrerinnen riskierten sie viel mit ihrer bedingungslosen Forderung, als Frauen jetzt und gleich an den politischen Rechten teilnehmen zu können. Aber im zivilen Nachvollzug der Emanzipationsforderungen haperte es noch lange. 1971 erhielten wir Schweizerinnen endlich das Stimmrecht. Wenige Jahre zuvor hatte ich in Basel als Sozialarbeiterin eine Stelle beim Basler Frauenverein angenommen. Als ich Tante Helene in meine neu bezogene, bescheidene Zweizimmerwohnung einlud, blieb sie zunächst sprachlos auf der Schwelle stehen und sagte dann irritiert: «Ist dein Vater damit einverstanden?» Ich verstand gar nicht, was sie mit dieser Frage meinte. Ich war schon seit Jahren finanziell selbständig und dachte nicht im Traum daran, den Bezug einer Wohnung von meinem Vater absegnen zu lassen. Im Gespräch weihte mich die Tante ein, dass sie eigentlich immer gerne selbständig gewohnt hätte, es aber eine Selbstverständlichkeit ihrer Zeit war, dass sie, nachdem sich ihr Bruder nach kurzer Ehe hatte scheiden lassen, zu Werner zog und ihm den Haushalt machte, solange er lebte. Die damaligen Männer waren nicht imstande, eine Mahlzeit zu kochen, auch mein Vater, als er einmal einige Tage ohne die Mutter auskommen musste, wusste nicht, wie man Kaffee kocht!

Als die jüngere Schwester von Helene, Susi, die in Schweden verheiratet war und vier Kinder hatte, sehr früh starb, wurden die größeren Buben zu ihrer ledigen Tante Helene nach Basel gebracht, wo sie die Schuljahre über wohnten. Die Tante muss sich sehr liebevoll um ihre verwaisten Neffen gekümmert haben, denn als ich diese 1968, nun Männer im besten Alter, in Malmö und Stockholm besuchte, waren sie voller Bewunderung für ihre Schweizer Tante, und sie sprachen noch perfekt Baseldeutsch! Ob durch die unerwartete Verpflichtung in der Familie Pläne der Selbständigkeit oder der Heirat in Helene vernichtet wurden, weiß ich nicht.

In meiner neuen Wohnung erzählte die Tante auch, dass sie, noch im Berufsleben stehend, einmal eine größere Reise plante und dafür am Bankschalter einen höheren Betrag habe abheben wollen, vom Schalterbeamten gefragt worden sei: «Ja, weiß das Ihre Bappe?»

Nach dem Tod von Onkel Werner bat mich Tante Helene, sie in die Buchhandlung zu begleiten, denn sie habe früher nur mit Werner dort vorgesprochen. Es war ihr 1960, als alte Dame, einfach fremd, als Frau alleine eine Buchhandlung zu betreten! Mir wurde einmal erzählt, dass die evangelischen Buchhandlungen nicht zuletzt aus dem Grund entstanden seien, weil die Schwelle dieser christlich geprägten Institutionen, wo man sich nicht zuerst über den eigenen Bildungsgrad ausweisen musste, für Frauen leichter zu überwinden war.

Tante Helene freute sich, wie frei ich über meine Rechte verfügte. Zugleich schien mir aber, dass sie es ein wenig dreist und undankbar fand, wie ungeniert ich mich dieser Rechte bediente, ohne zu würdigen, wie hart die Generation vor mir dafür gekämpft hatte. Sie hatte recht.

3. Mithelfen im Großhaushalt

«Ämtli» der Kinder. Schuhe putzen: zehn bis dreizehn Paar pro Tag, Straßen noch nicht geteert. Messing putzen: Einmal pro Woche alle Türklinken aus Messing, die Waagschalen der Küchenwaage, Ofentürchen der Kachelöfen, Türklingel an der Haustür mit Sigolin reinigen (Mutter kontrolliert jedes Mal, da sie Sigolin-Reste an den Türklinken nicht leiden kann). «Anke trülle»: Der Rahm der vom Nachbar bezogenen Milch, täglich sieben Liter, wird von den großen irdenen Milchbecken abgeschöpft und in ein Glasgefäß mit einem Gewinde gegossen. Dann wird die «Trülle», eine Art mechanischer Schwingbesen, darin befestigt, mit einer Kurbel von Hand in Bewegung gesetzt und so lange gedreht, bis aus dem Rahm Butter entstanden ist, Dauer etwa eine Stunde. Böden spänen: Immer samstags Parkettböden in der Stube, im Gang und Treppenstufen mit Stahlwolle abreiben, später auf den Knien Bodenwichse darauf verteilen und am Schluss das Ganze mit dem Blocher oder Wolllappen auf Hochglanz polieren. Windeln waschen: Zwei- bis dreimal pro Woche die in einem Eimer eingeweichten schmutzigen und nach Salmiak riechenden Stoffwindeln der Babys von Hand waschen, spülen und anschließend im Garten oder auf dem Dachboden der Kirche aufhängen, die scharfe Lauge verursacht bei großem Windelaufkommen wunde Stellen an den Fingern der Kinderhände, was höllisch brennt! Einkaufen mit Hutte oder Leiterwagen: einmal pro Woche in Dachsen oder Neuhausen (fünfzehn Minuten Weg) gemäß Mutters Einkaufslisten im Konsum, in der Drogerie, Apotheke, beim Schuhmacher etc. (Vorsicht mit dem Leiterwagen auf der Rheinfallbrücke, die aus Holzlatten besteht, dass sich die Räder des Wagens nicht in den Zwischenräumen verfangen). Holzwellen für die Kachelöfen, Holzscheite und Kohle/Briketts für die übrigen Öfen in die Räume tragen. Im Winter täglich, im Sommer, wenn der Vater oder Nachbarn oder Arbeitslose das Holz spalten, unter Vaters Anleitung Scheite zu ordentlichen Beigen im Holzschopf aufschichten. WC-Papier schneiden: aus Zeitungen, ziemlich oft. Jäten: im Gemüsegarten und zwischen den Steinplatten ums Haus herum. Gemüse- und Blumenbeete gießen: Wasser vom Waschhaus in großen Gießkannen in den Garten hinuntertragen, für etwa zwanzig Beete. Erdbeeren, Himbeeren, Stachelbeeren, Johannisbeeren und Brombeeren ablesen. Äpfel, Kirschen, Pflaumen, Birnen, Quitten unter den Bäumen zusammenlesen. Beim Rüsten von Gemüse und Obst in der Küche mithelfen. Tisch decken, abräumen, abwaschen, abtrocknen: täglich im Turnus. Kranken und Alten in der Gemeinde Zopf, Honig und geistliche Traktate überbringen: hauptsächlich vor Weihnachten (besonders begehrt bei Alleinstehenden waren während des Krieges Lebensmittelmarken, die unsere Großfamilie erübrigen konnte, zum Beispiel für hundert Gramm Butter oder ein Ei). Überlasteten Bauern oder Alleinstehenden beim Heuen und Wümmen mithelfen (Traubenernte). Missionare oder andere Prediger, welche die Gemeinde beehrten, von der Bahn abholen und zurückbringen. Für den Missionsverein der Mutter (Stricken für die Basler Mission) die Wollschachteln in Ordnung bringen. Beginn Wintersaison: bei Großkampftag-Wäsche mithelfen. Alle vier Wochen, mit Hilfe einer auswärtigen Wäscherin: Seil spannen, Wäsche auswringen, beim Aufhängen im Garten mithelfen, der Wäscherin Znüni und Zvieri überbringen (heiße Wurst, Brot und Tee). Einmal pro Jahr: beim Sonnen der Betten mithelfen, im Garten Holzböckli aufstellen, die Matratzen darauf legen, mit Teppichklopfer die Matratzen klopfen, die Bettgestelle waschen. Die kleinen Geschwister hüten, füttern, Streit schlichten, trösten, die Mutter ersetzen, wenn sie nicht abkömmlich ist. Immer, vor allem sonntagvormittags, wenn es wegen Vaters letzter Predigtvorbereitung mäuschenstill im Haus sein muss und wegen Gemeindebesuchern sich niemand im Treppenhaus aufhalten darf: die ganze Kinderschar in der Stube ruhighalten (als Vorbereitung für den Beruf eines Zirkusdompteurs geeignet!).

Wie das alles in einem Kinderalltag Platz gefunden hat, an einem Tag, wo neben der Schule und dem Schulweg (dreißig Minuten viermal pro Tag) auch Schulaufgaben erledigt und Klavier geübt werden musste? Das scheint mir heute auch fast unvorstellbar. Aber wir waren ja viele Kinder, und die häuslichen Aufgaben verteilten sich auf manche Hände, zwischen Buben und Mädchen wurden keine Unterschiede gemacht.

Und dann waren wir es einfach so gewohnt – und hatten im Unterschied zu heutigen Kindern wenige Termine, einmal pro Woche Klavierstunde und gelegentlich ein Besuch beim Zahnarzt, dann hatte es sich schon fast. Natürlich mit Ausnahme des Sonntags, dem Feiertag für die ganze Familie. Da wurde nur das Nötigste gearbeitet, eine gewisse Leere herrschte, die auch Langeweile hervorrief, eine Stimmung, in der ja oft Inspiration und Kreativität erst zu sprießen beginnen. Der Sonntag, auch die gemeinsamen

Mutter und Judith Blocher mit Andreas, Gertrud und Brigitte, 1949

Unternehmungen mit dem Vater, Wanderungen, Museumsbesuche, Kunstbücher anschauen, war eine Kraftquelle. Aber in meiner Erinnerung hatten wir es auch die Woche über oft lustig, wir nützten jeden Freiraum für Spiele, Wettkämpfe untereinander und Allotria aus, zum Beispiel auf dem Schulweg, zusammen mit Nachbarskindern, oder eben abends im Schlafzimmer. Wir wussten uns vor allzu viel Haushaltspflichten zu drücken, suchten Schlupflöcher, um eine Weile unerreichbar zu sein, versteckten uns mit einem Buch im Birnbaum vor dem Waschhaus oder im dämmerigen Holzschopf, wo durch ein Astloch in der Bretterwand ein Sonnenstrahl aufs Buch fiel. Wir stopften uns die Finger in die Ohren und überhörten die mahnenden Rufe aus dem Haus, man solle endlich den Tisch decken, die Kleinen ins Bett bringen.

Wenn ich mir heute diese Jahre vor Augen führe, wird mir klar, dass ich als Kind körperlich und seelisch überlastet war. Das habe ich damals nicht realisiert, denn ich identifizierte mich rückhaltlos mit Vater und Mutter. Ich vergaß mich selbst, wenn ich sah, wie der Vater versunken und schweigend dasaß, die Mutter mühsam aufstand, weil ihre Beine ihr wehtaten, ihre Stirn sich böse zusammenzog, weil ihr alles zu viel wurde. Meine Mutter hat uns alle durch alle Mühen hindurchgetragen. Neben dem riesigen Haushalt ohne maschinelle Hilfe übernahm sie noch Aufgaben in der Kirchgemeinde. Stets schwanger oder beim Stillen und Wickeln, war sie im Nebenamt auch seelischer Beistand meines Vaters und seiner Gemütsschwankungen. Diese Aufgabe nahm sie ungeheuer ernst, alles andere musste dahinter zurückstehen. Freilich gab es immer eine Hausangestellte, manche von ihnen wurden zu jahrelangen Stützen und später Freundinnen des Hauses. Zu der Zeit aber, da ich als Kind größer wurde und in rascher Reihenfolge Geschwister nachkamen, bekam ich mit, wie sie kurz davor war, aufzugeben. Meine Mutter war eine langsame, sehr sorgfältige Arbeiterin, die ihren Rhythmus ihr ganzes Leben lang nie verändert hat. Ergeben in ihr Schicksal, brachte sie Tag für Tag das, was anfiel, geduldig zu Ende. Aber ich spürte, dass es in ihr manchmal kochte, und in gelegentlichen Wutausbrüchen zeigte sie das auch nach außen.

Aber es war niemand da, der sie hätte auffangen können. Der Vater war zwar bei ihren Ausbrüchen stets liebe- und rücksichtsvoll, aber gleichzeitig herzlich hilflos. Weder er noch die Mutter dachten ernsthaft über grundsätzliche Änderungen nach. Man sollte meinen, dass ich alles daran gesetzt hätte, meine Mutter, die ich – wie wir alle – innig liebte, praktisch und seelisch zu entlasten. Wie ich aus Briefen meiner Mutter weiß, empfand sie das auch so, aber das Gegenteil stimmte auch: In mir sammelte sich allmäh-

Die Familie Blocher, 1949

lich eine wachsende Aggression gegen sie. Warum schindete sie sich so? Warum änderte man nichts? Ich konnte es nicht mit ansehen, aber statt Mitleid zu haben, kehrte ich mich von ihr ab, nein, ich wehrte mich dagegen, dass das Leben nichts Besseres zu bieten haben sollte, ich wollte nicht so werden wie meine Mutter. Ich hasste diese Zustände. Erst heute, bei der Niederschrift dieses Buches, gestehe ich mir ein, dass ich vermutlich damals selbst Anteilnahme und Förderung gebraucht hätte.

Nach den obligatorischen Schuljahren half ich während insgesamt vier Jahren im Haushalt der Mutter mit, etwas, das ich einerseits mit ganzem Herzen akzeptierte und andererseits fürchterlich verabscheute! Man möchte gern anderen Liebes tun, ihnen helfen, sie stützen, aber oft hat man wegen der eigenen Bedürftigkeit das nicht zur Verfügung, was man gerne geben würde – ein häufig auftretendes Dilemma. Und immer gibt man sich selbst die Schuld daran.

Später hatten meine jüngeren Geschwister, die an Beachtung, Zuwendung, Lob und Anerkennung auch zu kurz kamen, riesige Erwartungen an ihre älteste Schwester. Manche klagen, dass sie zu wenig Aufmerksamkeit, zu wenig Liebe von mir empfangen haben. Das Leid, das lebenslängliche Leid ist neben viel Freude, Verbundenheit und Gelingen in unserer Familie ein steter Begleiter. Wir entsprechen nicht dem Idealbild, das viele Außenstehende von uns haben.

Eisbonbons

«Das lassen wir uns nicht gefallen, nein, das nicht!», maulten die beiden Schulmädchen, als sie den Gemüsegarten entlangstürmten, an dessen Ende eine lose Latte aus dem Zaun drückten, durch die Lücke schlüpften auf die Wiese des Nachbarn. Ihre Zöpfe flogen. Auf dem Bänklein oberhalb des Abhangs zur Bahn hinunter kamen sie zur Ruhe; es war durch hohe Kirschbäume dem Blick aus den Pfarrhausfenstern entzogen. «Das ist einfach zu viel, das lasse ich mir nicht bieten», empörte sich Sophie und stampfte auf den Boden. Judith hatte Tränen in den Augen: «Man könnte meinen, wir seien bloß Lasttiere in diesem Haus, das macht mich fertig», klagte sie.

Judith und Sophie hatten, mit drei Jahren Altersunterschied, an zwei aufeinanderfolgenden Tagen Geburtstag. Geburtstage wurden trotz der großen Kinderzahl immer gebührend gefeiert, das Kind erhielt einen von der Mutter gebackenen und liebevoll verzierten Kuchen, in der Stube lagen ein paar Geschenke auf dem Tisch, und alle sangen ein für jedes Kind eigens ausgewähltes Lied, von der Mutter auf dem Klavier begleitet. Die Geburtstage von Judith und Sophie wurden immer gemeinsam gefeiert.

Aber was sahen heute die Schwestern, als sie die Tür zum kerzenerleuchteten Zimmer öffneten? Auf dem gestickten Tischtuch machten sich zwei klobige, blecherne Gießkannen breit, ähnlich den verhassten Neun-Liter-Monstern, die im Garten zum Einsatz kamen, nur etwas kleiner.

Die Schwestern sahen sich sprachlos um. «Mir ist aufgefallen, dass die großen Kannen zu schwer für euch sind», erklärte die Mutter, indem sie die beiden um die Schultern fasste. «Die schlagen euch an die Beine, wenn ihr damit unterwegs seid.» Aber sie hoffte vergebens, dass die Gesichter ihrer Töchter sich nach dieser Erklärung aufhellen würden.

So sehr sich die Schwestern sonst voneinander unterschieden, angesichts dieser fatalen Bescherung waren sie sich sofort einig: Ein Geschenk war das nicht. Sie packten die kleinen Tüten mit Eisbonbons, die noch auf dem Tisch lagen und die sie sich gewünscht hatten, stopften sie in die Schürzentaschen und schworen sich: Kein einziges Bonbon wird an andere abgegeben, die fressen wir ganz allein.

Sie hockten auf dem Bänklein nebeneinander, kratzten sich die Mückenstiche an den Beinen und betrachteten den in der Tiefe träge dahinfließenden grünen Strom, der sich im aufgeschäumten Becken des Rheinfalls beruhigt hatte. Der friedliche Anblick ließ ihre Wut allmählich abklingen. Sophie rutschte vom Bänklein, stellte sich mit dem Rücken zum Fluss und sagte entschieden: «Gießkannen sind ein Arbeitsinstrument, das muss der Arbeitgeber zur Verfügung stellen!» Judith sah bewundernd zu ihrer kleinen Schwester auf: Was für eine Schlagfertigkeit, welch scharfes Gerechtigkeitsempfinden sie besaß! Woher hatte sie bloß das Wort «Arbeitgeber» für die Eltern her? Genial! Sie lachten, rannten unter die Kirschbäume und füllten sich den Bauch mit den süßen Früchten. Mit violetten Lippen rief Sophie: «Komm, wir hauen ab!» Sie hatte stramme Waden und rote Backen. Zeitlebens sollte sie ein Mensch mit kühnen Entschlüssen bleiben. «Es ist Sommer», fuhr Sophie fort, «wir können uns durchschlagen mit dem, was wir auf den Feldern und unter den Bäumen finden – und nachts schlafen wir in der Fuchshöhle in der Buchhalde. Die kleinen Füchse sind jetzt ausgezogen, da findet uns niemand.» Sie malte das freie Leben in der Wildnis aus, auch für Tiere würden sie sorgen, für die Vögelein – und vielleicht käme auch ein armes, halb verhungertes Flüchtlingskind von der Grenze her über den Rhein; das soll auch aufgenommen werden! Judith hörte ihr gern zu, aber sie hatte leider bereits eine Erfahrung mit dem Abhauen gemacht, die ein klägliches

Ende genommen und von der sie deshalb niemandem erzählt hatte. Vor gar nicht langer Zeit hatte sie beschlossen, zu verschwinden, und zwar so lange, bis die Sehnsucht der Eltern nach ihrem Kind groß genug sein würde. Nachdem sie sich auf den Feldern herumgetrieben hatte, richtete sie sich in der hintersten Ecke des ausgedehnten Friedhofs ein, der das Pfarrhaus umgab, hinter einer großen Eibe versteckt. Hier würde man sie nicht entdecken. Sie aß von den roten schleimigen Früchten des Baums und stellte sich in süßen Bildern ihre tränenüberströmte Mutter vor, die überglücklich die endlich wiedergefundene Tochter in die Arme schließen würde. Immer und immer wieder holte sie diesen Traum herauf, jedoch die Stunden verstrichen tödlich langsam, sie fühlte sich so jämmerlich allein, dass es nicht auszuhalten war. Eine Stunde nach dem Abendessen, die Familie musste bereits in heller Aufregung über ihre Abwesenheit sein, schlich sie kleinlaut ins Haus, wo alles war wie sonst. In der Küche goss die Mutter aus einem randvollen Topf heißen Quittengelee in Gläser und sagte, ohne sich umzudrehen: «Hast du das Sechsuhrläuten nicht gehört? Das Essen ist schon abgeräumt, aber ich habe dir noch ein Käsebrot beiseite getan. Fang sofort mit dem Schuheputzen an, dein Bruder hat schon angefangen.»

Würde man uns wirklich vermissen, wenn wir nicht mehr da wären? Judith, die im Unterschied zu ihrer kächen Schwester immer etwas blass und übernächtigt aussah, zögerte mit ihrer Begeisterung für Sophies Plan. Weiter oben begann Nachbar Witzig Gras zu mähen. Als er die beiden Mädchen bemerkte, kam er näher, stellte die Sense vor sich ab und sagte: «Hört mal, ihr dürft euch schon etwas anständiger aufführen. Den ganzen Nachmittag hat man nach euch gerufen! Eure Mutter hat weiß Gott schon genug auf dem Buckel!»

Sie warfen die leeren Tüten der Eisbonbons in die Büsche,

huschten durch den Garten hinauf in die Küche, banden sich die Arbeitsschürzen um und begannen, Rüebli zu rüsten.

Aber, o Wunder!, die Mutter hatte die schwere Enttäuschung vor dem Geburtstagstisch ihrer Töchter bemerkt, und es hatte ihr ins Herz geschnitten. Sie trat hinter ihre großen Mädchen, fasste sie um die Schulter und legte vor jedes ein Füfzgi, ein Fünfzigrappenstück hin. «Damit dürft ihr morgen im Schlossrestaurant eine Glacé kaufen!», flüsterte sie. Waas? Diesen Luxus hatten sie bisher noch nie gekostet, aber voll Begierde zugesehen, wie die Rheinfalltouristen mit der ganzen Zunge an diesen Stengeln herumschleckten.

Aber Sophie machte nicht mit. «Was hast du schon davon?», meinte sie zur älteren Schwester. «Dieses Vergnügen ist schnell vorbei, ich tu den Fünfziger ins Kässeli, für später ...» In der Not blieben sie immer einig, und später im Leben auch gegen den Luxus. Kässeli waren und blieben Judith hingegen immer unsympathisch. Das Schokoladeeis musste sie allein hinunterschlingen.

Sophie, liebe Schwester ... Sie starb im Sommer 2002 im Alter von siebenundsechzig Jahren. Dieser Tod hat vieles durcheinandergebracht in unserer Familie. Für mich war es ein Schock, dass meine immer kerngesunde Schwester plötzlich nicht mehr da war. Wir waren zwar sehr verschieden und haben uns früher oft gezankt, aber je älter wir wurden, desto besser verstanden wir uns, wuchsen in der Solidarität mit ähnlichen Lebenszielen zusammen.

Als Sophie nach ihrer Pensionierung ein Haus für Obdachlose gründete, sich mit unbeugsamem Willen über bestehende Regeln unseres bürokratischen Sozialwesens hinwegsetzte und ein Heim, ein wirkliches Heim der Liebe und Lebensfröhlichkeit, Lebensmut und Lebenszuversicht schuf (heute das «Sophie-Blocher-Haus» in Frenkendorf, Baselland), war ich glücklich wie selten in meinem Leben. Sophie hatte durchgesetzt, wovon ich nur zu träumen wagte ... Erst nachdem die Lücke in unserer Geschwisterreihe gerissen war, habe ich erkannt, wie unentbehrlich Sophie für mich war. Wie schön wäre es gewesen, zusammen alt zu werden.

4. Praxisjahre

Beinahe siebzehn Jahre lang habe ich an der Basis Sozialarbeit geleistet, zuerst bei der Gemeindefürsorge Dietikon, dann in der Gemeinde Muttenz. Die sieben Jahre als Leiterin der Frauenberatungsstelle des Basler Frauenvereins boten mir einen Schwerpunkt mit vielen Gestaltungsmöglichkeiten. Nach Weiterbildungen stieg ich nochmals in die gesetzliche Sozialarbeit ein, und zwar bei der Jugendanwaltschaft in Horgen.

Sozialarbeit im Auftrag einer Gemeinde, wie ich sie in Dietikon und später Muttenz erlebte, finde ich bis heute etwas vom Befriedigendsten in unserem Beruf, es ist eine richtige «Generalisten-Büez», man steht im Brennpunkt des sozialen Wandels mit seinen individuellen Gefährdungen und Entwicklungen. Im Gegensatz zu einer spezialisierten Institution, die vielleicht wenig gemeinsam hat mit der unmittelbaren Umgebung, ist man hier eingemittet in einen gewachsenen Kreis unterschiedlichster Menschen, die rund um das Gemeindehaus angesiedelt sind. Man ist zuständig (meistens allerdings auf der unteren Ebene) für diejenigen, die es auf einem Abwärtsweg in die Zuständigkeit der Kommune geschwemmt hat: hilfsbedürftige Alte, Pflegekinder, Langzeitarbeitslose, Menschen in Scheidungskonflikten, physisch oder psychisch Erkrankte, die sich für eine IV bewerbende Schuldner mit zu teuren Wohnungen oder zu niedrigem Verdienst, vernachlässigte oder missbrauchte Kinder, Alleinstehende, Flüchtlinge, Asylbewerber und Sans-Papiers, Sonderlinge und Originale, Gauner, Kriminelle und Gewalttätige, alleinerziehende Mütter, ganz normale Familien mit drei Kindern und einem Einkommen unter dem Existenzminimum, Suchtkranke, schwierige Schüler und Lehrlinge, deren Lehrer nicht mehr weiterwissen. Dazu läuft der ganze Reigen präventiver Bemühungen zur Verbesserung der sozialen Situation von Betroffenen, von Quartieren oder der Kommune als Ganzes, häufig auch übers Gemeindehaus. Selbsthilfegruppen, Aufklärungen über gesundheitliche Präventionsmaßnahmen, Präventivarbeit in der Schule, Freizeitprojekte für Jugendliche, Aufklärungsarbeit über Gefahren des Verkehrs und krimineller Machenschaften, Kommunikation zwischen Einheimischen und Zugezogenen. Wer sind die Migranten, die hier wohnen, wie können wir in Kontakt mit ihnen kommen? Neue Religionen und die alte Kirche, welche sozialen Infrastrukturen brauchen die neuen Quartiere, wer bahnt die Verbindung zur alteingesessenen Bevölkerung? Erhaltung der Arbeitsplätze in der Gemeinde. Brauchen wir eine Ludothek? Wer schafft endlich die nötigen Spiel- und Krippenplätze? Wie ernähren wir uns richtig? Kommen Sie zu uns in den Lachkurs? Achtung, Achtung: Riesenfest mit der ganzen Bevölkerung, alle machen mit ...

All das – und in dieser chaotischen Reihenfolge – kann über den Schreibtisch der Gemeindesozialarbeiterin laufen, auch wenn das meiste davon entweder bei den politischen Behörden, in angegliederten Spezialinstitutionen, Gremien von Freiwilligen wie die Kirche oder Frauengruppen ausgeheckt und erledigt wird. Aber als Schaltstelle, Vermittlung von Information, Kontakten und nötiger Infrastruktur ist die Gemeindefürsorge, oder wie es

Als Absolventin der Schule für Sozialarbeit, 1955 (2. v. l.)

heute heißt: der Sozialdienst, meistens beteiligt. Und dann sind da natürlich die Fälle der Beratung, Unterstützung oder des Vollzugs von vormundschaftlichen Maßnahmen, für die man ganz persönlich verantwortlich ist. Dieser Kosmos von Interessen und Bedürfnissen, von Anfragen, Gesuchen, Stellungnahmen und Entscheidungen, Ablehnungen und Zustimmungen innerhalb eines großen Kreises von Beteiligten ist anregend und nahe am Puls des Lebens.

Wenn ich in der Gemeinde Muttenz nach Feierabend gelegentlich zur Ruine Wartenberg hinaufspaziert bin und von dort oben das Gemeindegebiet überschaut habe, kam mir das Häusermeer vor wie ein atmender Körper, der redet, weint und lacht, zornig und glücklich ist, der das ganze Drama menschlicher Schicksale umfasst. Und ich ein Rädchen mittendrin, das an einem bescheidenen Ort mithilft, dass das Ganze nicht aus dem Ruder läuft und der Einzelne nicht ganz verloren ist.

Als Gemeindesozialarbeiterin hat man «mit aller Gattig Lüt» zu tun, nicht nur als Klientel, sondern auch bei den Helfern und Angestellten des gesamten sozialen Apparats. Dazu gehört auch die Polizei, das Betreibungsamt, Pfarrämter, Arztpraxen, Arbeitgeber und Wohnungsvermieter, Heimleiter, Lehrer und andere mehr. Ich hatte Einblick in die Karteien der Einwohnerkontrolle, in denen das Steuereinkommen genauso vermerkt ist wie die Betreibungen. Ich weiß nicht, ob das bei den heutigen Datenschutzbestimmungen immer noch so ist. Für mich aber war das ein Blick in die realen Lebensumstände der Gemeindebewohner – und manchmal kam ich aus dem Staunen nicht heraus.

Zum Beispiel interessierte mich, was die fünf Allgemeinpraktiker der Gemeinde versteuerten. Da sah ich, dass derjenige Arzt, mit dem wir auf der Fürsorge am besten und engsten zusammenarbeiteten, weil er ein Auge für die sozialen Verhältnisse der Patienten hatte, weil er sich Zeit nahm für sie und es auch merkte, wenn einer vor einem Merkblatt nur nickte, weil er nicht lesen konnte, oder wenn eine Patientin zum vierten Mal erklärte, sie sei die Treppe hinabgestürzt, während ihre Verletzungen offensichtlich von häuslicher Gewalt herrührten, dass dieser Arzt sage und schreibe viermal weniger verdiente als sein Kollege, der die Leute innert fünf Minuten, aber mit drei Schachteln Pillen abfertigte!

Und ich entdeckte immer wieder AHV- und IV-Rentner

mit einem derart winzigen Einkommen, dass sie berechtigt gewesen wären, Ergänzungsleistungen zu beziehen. Warum hatten sie keine? Wussten sie nichts davon, oder schämten sie sich, diese Leistung, die man nur auf Antrag bekommt, in Anspruch zu nehmen? Da klebte ich manchmal ein rotes Zettelchen auf die Karteikarte und kritzelte «Zu Händen des Steueramts» darauf: nicht nur Zahlen zusammenzählen, sondern auch schauen, ob die Leute bekommen, worauf sie ein Recht haben! Das konnte ich mir erlauben, denn wir kannten uns alle in der Gemeindeverwaltung, feierten zusammen und erzählten einander Anekdoten, die wir aus der Gemeinde gehört hatten. Auf diese Weise wurden viele Vorurteile abgebaut, zum Beispiel von Polizisten gegen Sozialarbeiter und umgekehrt, aber auch von Helfern gegen sogenannte «Zahlenbeiger», also Buchhalter und Rechnungsrevisoren, deren Alltag oft anders aussah, als wir uns vorgestellt hatten.

Meine Vorgesetzten waren fachlich die Vormundschafts- und die Fürsorge- beziehungsweise die Armenbehörde, personell der Gemeindegutsverwalter. Die Sozialbehörden sind bei uns nach Parteizugehörigkeit zusammengesetzt. Ich bin eine Befürworterin dieser Lösung, wobei natürlich jeder Vertreter nicht nur durch das Parteibuch, sondern vor allem durch Fähigkeit für sein Amt qualifiziert sein müsste. Das Volk muss aber das Sozialwesen mittragen, und darum müssen alle Parteien an den Entscheidungsprozessen beteiligt sein. Ich habe viele Vorurteile bezüglich «links» und «rechts» abgebaut in der konkreten Zusammenarbeit mit Behörden und habe diese Erfahrung später in der Fortbildungsarbeit mit Sozialbehörden bestätigt gefunden.

Ein SVP-Vertreter kann im Einzelfall menschlich verantwortungsbewusster und sozialer handeln und entscheiden als jemand mit einem roten Parteibuch. Wenn in den Sitzungen Sozialarbeiter mit ihren Faktenkenntnissen und ihrem professionellen Wissen dominieren und die politischen Vertreter allmählich zu einem Abnick-Gremium verkommen, kann man sicher sein, dass sich früher oder später erst unausgesprochen, dann aber auch deutlich Unmut äußert. Wenn umgekehrt Facharbeitende, die in den Gremien ja kein Stimmrecht haben, weil sie nur Angestellte sind, trotz ihrer genauen Kenntnisse regelmäßig von der dominanten politischen Ausrichtung der Behördevertreter abgeschmettert werden, mutieren sie entweder zu zynischen und gelangweilten Mitläufern, oder sie werden krank.

Die sozialen Entscheidungsprozesse in einer Kommune bilden die Abläufe der großen Politik im Kleinen ab, ständig kritisch beobachtet von den Medien. Wieso kauft eine seit Jahren von der Gemeinde unterstützte Frau stets die teuersten Früchte auf dem Markt – im Januar Spargeln und im Dezember Erdbeeren? Warum tragen alle Tamilen schwarze Lederjacken? Solche Meldungen können monatelange Verdächtigungen gegenüber der Unterstützungspraxis nach sich ziehen. Man verhängt eiligst Kontrollmaßnahmen und Restriktionen, die vielleicht nicht viel bringen. Umgekehrt schreckt die Nachricht, dass ein Kind vernachlässigt wurde – und die Fürsorge hat es nicht gemerkt oder hat nichts dagegen unternommen –, die Bevölkerung auf. Die Presse ist ein unentbehrliches Korrektiv, dennoch halte ich altmodisch an meiner Überzeugung fest, dass ohne gegenseitiges Vertrauen Fürsorgearbeit nicht zu leisten ist, sowohl gegenüber den Klienten wie in der Zusammenarbeit von Institutionen und Behörden.

Im Wissen darum, dass man ein hochverletzliches, schützenswertes Gut zu vertreten hat, muss jeder Mann und jede Frau, welche in diesem Gebiet arbeitet, bereit sein, anderen zuzuhören und immer wieder Kompromisse zu machen, denn absolute Gerechtigkeit gibt es nicht, aber sich ihr so weit wie möglich anzunähern, muss das Ziel bleiben. Die in jüngerer Zeit übliche Schwarzweißmalerei, das Klassifizieren von Menschen und ganzen Gruppen in Missbraucher oder «Gutmenschen» ist Gift und spart auch kein Geld.

Trotz meiner Ablehnung des Klassifizierens bemerkte ich, dass es bestimmte Typen von Menschen gibt, deren Verhaltensmuster wiederkehren. Im Lauf der fast fünfzig Jahre, die ich im Sozialwesen gearbeitet oder in denen ich freiberuflich entsprechende Aufgaben übernommen habe, bin ich zum Schluss gekommen, dass es unter Mitarbeitenden in diesem Bereich bis hinauf in die Bundesverwaltung drei Kategorien gibt: Mitläufer, Scharfmacher und Reformer. Mitläufer erledigen vorschriftsgemäß, was man ihnen vorgibt, sie sind dann auch froh, wenn es Feierabend wird und sie in den «Bereich B», das Privatleben, wechseln können. Vielleicht die Hälfte aller Berufstätigen gehört zu diesem Typus, nach wissenschaftlichen Erhebungen in anderen Sparten, zum Beispiel in der Industrie, sind es sogar mehr, wobei es nicht immer nur an ihnen liegt, wenn sie sich nicht stärker engagieren.

Scharfmacher gibt es weniger, aber sie sind manchmal wie besessen von ihrer «Mission», unter Hilfsbedürftigen die Schmarotzer, unter Mitarbeitern und Kollegen die subversiven Elemente oder einfach «die Linken» herauszufinden und zu diskriminieren. Die Scharfmacher sind manchmal sehr einflussreich – und treten freilich auch als linke Fanatiker auf. Scharfmacher sind besonders gefährlich, wenn sie Machtpositionen innehaben, also Lehrer sind, Pfarrer, Politiker, Psychiater, Heimleiter, Entscheidungsträger im Straf- und Asylbereich. Sie suchen immer das Belastende im Leben einer Person, fahnden nach dem Negativen, zielen auf die Schwächen. Scharfmacher sind ausgerüstet mit einer Killermentalität, die jeden positiven Ansatz bodigt, bezeichnen sich selbst aber häufig als «Realisten». Ihr Verhalten wirkt sich lähmend aus auf Mitarbeitende, die etwas zum Guten verändern wollen – und auf Hilfsbedürftige, die von den damit einhergehenden Demütigungen schwer und oft ein Leben lang gezeichnet sind. Ich habe es erlebt, dass ein Psychiater in einem Gutachten eine Frau als «menschliche Null» bezeichnet hat. Diese Diagnose wurde über viele Jahre hinweg in den Akten immer wieder aufgegriffen, nämlich immer dann, wenn ein zynisch-resignierter Mitarbeiter von Anfang an überzeugt war, dass in diesem Fall sowieso Hopfen und Malz verloren sei, und nach einem Beleg dafür suchte. Ganz selten hat ein Opfer die Kraft, solche Verdikte öffentlich zu machen, ein Verdingkind, ein Verwahrter in einer Strafanstalt, ein Sans-Papier. Dann geht ein Rauschen durch den Blätterwald, mit großen Anklagen gegen das Fürsorgewesen. Letztlich ist aber jeder Einzelne gefragt, ob er bei jeder Krisenmeldung, sei sie individueller oder gesellschaftlicher Art, sofort mit dem Daumen nach unten zeigen will. Pauschalisierende Verurteilungen ganzer Ethnien wie «Die Afrikaner sind faul oder Kügeli-Dealer», «Die vom Balkan sind gewalttätig» machen eine konstruktive Arbeit mit diesen Menschen unmöglich. Ich habe es immer als gute Voraussetzung für Angehörige helfender Berufe angesehen, wenn ein Mensch Neugier und Interesse aufbringt für alles, was ihm neu begegnet, und nicht gleich zu wissen meint, mit welchem Phänomen er es zu tun hat und wie das Problem zu lösen sei.

Die Reformer im Sozialwesen sind ebenfalls nicht zahlreich, aber sie sind die Hoffnung für Betroffene, Helfende und ihre gleichgesinnten Vertreter in den politischen Gremien. Sie glauben an die Möglichkeit der Veränderung und an den Wert des Dialogs auch mit Andersdenkenden, sie sind lernfähig, können staunen, lieben ihre Aufgabe, haben eine Lebenserfahrung, die eigene Wertvorstellungen hervorgebracht hat. Sie haben gezeigt, dass sie selbst wachsen können, auch wenn dieses Wachstum die Erfahrung des Scheiterns und das Durchstehen von Krisen einschließt. Da sie für viele andere Hoffnungsträger sind, werden sie überhäuft mit schwierigen Problemfällen und zusätzlichen Aufgaben, oft werden sie auch überschätzt, weil sie den Erwartungen unmöglich genügen können. Dann mehren sich ihre eigenen Enttäuschungen bei der Behandlung von Einzelfällen, Enttäuschungen über Mitstreiter, die sich abwenden, über Parteigenossen, die ihre Ziele herunterschrauben. Oft genug gehört dann ein ehemals Progressiver, eine Fahnenträgerin der Hoffnung, am Ende zu den Bremsern.

Der Reichtum meines Lebens besteht in der Fülle der guten Wirkung, die andere Menschen auf mich ausgeübt haben. Bei der Arbeit waren das viele, die unscheinbar und oft ohne beruflichen Auftrag durch ihre Lebenseinstellung und ihr Tun menschliche und gesellschaftliche Entwicklung gefördert haben. Wer nur auf den Berufsapparat angewiesen ist, hat in der Sozialarbeit keinen Stich. Ich erinnere mich an einen Gemeindeschreiber, ein grundgescheiter, verschwiegener Mann mit einer souveränen Urteilsfähigkeit. Er kannte die ganze Gemeinde, war schon mehr als zwanzig Jahre im Amt. Ich war neu in der Gemeinde und merkte bald, dass ich ohne seinen Rat nicht auskommen würde. Er riet vor allem von übereiltem Handeln ab – und fast immer behielt er recht, wie folgendes Beispiel zeigt.

Es gab einen Skandal in der Gemeinde, bald in aller Munde, ohne dass man genau wusste, was eigentlich passiert war. Kinder waren vernachlässigt in der Schule erschienen, machten ihre Aufgaben nicht, es hieß, ihre Mutter könne weder lesen noch schreiben – und sie habe einen Liebhaber, der sich in der Familie breitmache und den Vater hinausdrängle. Die Polizei war nachts ins Haus gedrungen, der Liebhaber sprang erschreckt aus dem Ehebett und im Pyjama geradewegs zum Fenster hinaus. Unten blieb er mit bösen Verletzungen liegen. Er wurde invalide und ein Fürsorgefall. Vom Balkon gesprungen war er vor Schreck, weil er bis an den Hals verschuldet und ihm die Pfändung angekündigt war.

Ich sollte die Situation der Kinder abklären. Da die Ehegatten auf mehrere Einladungen zum Gespräch in der Gemeindeberatung nicht reagiert hatten, meldete ich mich zu einem Hausbesuch an. Als ich die knarrende dunkle Treppe des alten Hauses hinaufstieg, donnerte von oben der Hausherr herunter, ich solle es bloß nicht wagen, hoch zu kommen, denn dann würde ich in weitem Bogen vors Haus fliegen. Ich stieg zwar noch ein paar Stufen weiter, kehrte aber dann doch lieber um. Derweil wütete die Frau unten in der Küche, schrie, dass man ihr die Kinder nur über ihre Leiche wegnehmen könne. Sie fuchtelte wild mit den Händen herum und griff versehentlich auf die Herdplatte, die sie vergessen hatte auszuschalten. Sie verbrannte sich eine Handfläche. Ich riss sie unter den Wasserhahn, presste sie an mich und hielt sie zehn Minuten lang fest, damit der Wasserstrahl die Haut kühlen konnte. Dann rannte ich in die gegenüberliegende Apotheke, um Verband und Salbe zu holen. Die Frau beruhigte sich, nachdem die ersten Schmerzen nachgelassen hatten, und schaute ergeben zu, was ich mit ihr machte. Plötzlich fing sie an zu weinen, aber nicht nur wegen der Schmerzen. Der ganze Widerstand brach zusammen, und sie schluchzte ihr Elend heraus. Ich wiegte sie in meinen Armen wie ein Kind. Dabei begriff ich langsam, mit welchem Milieu ich es hier zu tun hatte.

Es gibt Familien, die vieles, was zu einer ordentlichen Haushaltsführung und Erziehung gehört, vernachlässigen, aber es herrscht in ihnen ein Stallgeruch, eine Nestwärme, ohne die die Familie nicht überleben könnte. Will man von außen daran etwas ändern, kämpfen die Eltern wie die Löwen um ihre Jungen. Wendet man gesetzliche Gewalt an, widersetzen sie sich nach Kräften, und wenn man die Kinder fremdplaziert, laufen sie davon, sterben fast vor Heimweh, obwohl es doch zu Hause angeblich so fürchterlich ist.

In diesem Fall gingen wir, wie es der Gemeindeschreiber geraten hatte, in sanften Schritten vor. Ich fand für die Kinder ein Plätzchen, wo sie nach der Schule und an freien Nachmittagen ihre Aufgaben machen konnten, wo sie gemocht und ein wenig gepflegt wurden. Es war eine alte Pfarrerswitwe, und sie war ein Segen. Ihr von Blumen umwachsenes Häuschen stand nach allen Seiten offen, und wenn ich für jemanden beim besten Willen keinen Unterschlupf fand – sie konnte es richten und verstörte Menschen vorerst aufnehmen. Solche Helfer sind unschätzbar. Ich bin nicht zuletzt selbst manchmal zu einem Käffeli zu ihr hineingeschlüpft, wenn auf der Gemeinde etwas ganz

Trauriges passiert war und ich mich verloren fühlte. Man kann das Leid einer Gemeinde nicht einfach an Fachleute delegieren, es braucht ein Netz von Menschen mit großen Herzen. Die Kinder gingen bald furchtbar gern ins Blumenhaus, und ihre Mutter fühlte sich von der zeitweiligen Ersatzmutter nicht bedroht, weil sie immer wieder Blumen und Gemüse von der Pfarrfrau bekam und diese die Kinder lobte und große Freude an ihnen hatte, was der Mutter wohltat.

Und was war mit dem Liebhaber? Er wohnte nun definitiv in der Familie, was der Gemeinde Kosten sparte. In einem Gespräch mit dem Ehemann stellte sich heraus, dass man sich geeinigt hatte, zu dritt im großen Ehebett zu schlafen, das Haus hatte Platz für die ganze Brut ... Es gibt eben nichts, was es nicht gibt!

In den Jahren meiner Praxis, von etwa 1956 bis 1976, und dann bis 1986, in der Zeit, als ich Dozentin an Schulen für Sozialarbeit war, vollzog sich in Theorie und Praxis der Sozialarbeit ein großer Wandel, weil auch die gesellschaftlichen Verhältnisse in dieser Zeit sich sehr veränderten.

1949 trat das große Sozialwerk des letzten Jahrhunderts in Kraft, die AHV, und kurz darauf die IV. Dadurch wurde ein Großteil der bisher fürsorgeabhängigen Alten und Behinderten materiell sichergestellt mit Renten und allenfalls Ergänzungsleistungen, sie waren nicht mehr armengenössig, sondern hatten einen Rechtsanspruch auf eine Versicherungsleistung, zu der sie selbst mit eigenen Zahlungen beigetragen hatten.

In der klassischen Armenpflege erfolgte für alle, die keinen Rentenanspruch hatten, ebenfalls eine Änderung, die den Ruch der Schande bei Armengenössigkeit teilweise eliminierte. Bis in die vierziger Jahre des letzten Jahrhunderts galt in der Schweiz das sogenannte Heimschaffungsprinzip: Wer auf Armenunterstützung angewiesen war, konnte von der kostenpflichtigen Heimatgemeinde heimgeschafft werden. Das war nicht nur sehr hart für die Betroffenen, die oft zu ihrer Heimatgemeinde keinerlei Beziehung mehr hatten, sondern sie waren dort auch als «Armenhäusler» gekennzeichnet. Hatten sie Kinder, wurden diese meist zu Bauern verdingt. Diese alte Tradition war ein Schreckgespenst für alle, welche ihre Existenz nicht mehr selbst bestreiten konnten, und hielt viele davon ab, den Schritt zur Armenpflege zu wagen. Am Anfang meiner Praxis hatten die meisten Kantone schon vom Heimatprinzip zum Wohnortprinzip gewechselt, das heißt, die Armenpflege des Wohnorts entschied, wie die Betreuung der Armengenössigen zu geschehen habe, diese konnten nicht mehr heimgeschafft werden. Es gab aber noch einige Kantone, die ihr Armengesetz noch nicht umgestellt hatten.

In Dietikon betreute ich zum Beispiel eine Mutter mit vier Kindern, deren Mann die Familie verlassen hatte, herumsoff und keine Alimente zahlte. Die Heimatgemeinde im Kanton Schaffhausen verlangte schließlich die Heimschaffung, eine außerordentlich harte Maßnahme der Entwurzelung und Demütigung. In der Gemeinde Muttenz konnten wir später eine derartige Härte verhindern. Wir unterstützten eine Familie mit vielen Kindern, für die eine kleine Solothurner Gemeinde zahlungspflichtig war. Die Zusammenarbeit mit ihr war mühsam, denn unsere Gesuche um Kredit etwa für neue Kinderschuhe, einen Schulthek und anderes wurden meistens erst im zweiten oder dritten Anlauf bewilligt. «Können Sie nicht getragene Schuhe für die Kinder finden? Geht es nicht billiger?», wurde ständig gefragt. Schließlich hatte die Heimatgemeinde genug und verlangte die Heimschaffung. Getreu meinem ewigen Prinzip des «Kennenlernens» schlug ich ein persönliches Gespräch zwischen Behörde und Behörde vor. Eine Delegation der Muttenzer Behörde und ich reisten also ins Solothurnische. Der Gemeindeschreiber war gerade am Einheizen des Ofens, als wir im kleinen Nebenraum des Schulhäuschens eintrafen. Ein Gemeindehaus besaß die Gemeinde nicht. Als die Mannen um den Tisch saßen, erläuterte uns der Präsident die Lage: Seit einiger Zeit war die Gemeinde gezwungen, jährlich ein Stück Wald zu roden, einzig und allein wegen der sündhaft teuren Familie in Muttenz! Wäre die Familie im Ort, könnte die Mutter sich im Altersheim nützlich machen und die Kinder könnten an Verdingplätzen noch ein wenig dazuverdienen. Unser Verständnis für die Behörde stieg, als wir ins Bild gesetzt wurden, dass der ehemalige Gemeindepräsident, Wirt und Weinhändler, den Leuten das Bürgerrecht verschafft hatte gegen das Versprechen, ihm ein Weinkontingent abzunehmen! Zurück im wohlhabenden Muttenz, beschloss die einsichtige Behörde, freiwillig einen Teil der Kosten für die Solothurner Familie zu übernehmen, und die Heimatgemeinde willigte in diesen Kompromiss ein. Die Familie musste nicht umziehen.

In den siebziger Jahren des vergangenen Jahrhunderts wurde das Heimschaffungsverfahren gesamtschweizerisch abgeschafft. Ich erwähne die Vergangenheit deshalb, weil ich sowohl aus der eigenen Praxis wie meiner späteren Tätigkeit als Dozentin für die Geschichte des Sozialwesens weiß, dass sich drakonische Maßnahmen gegenüber Armen und Abhängigen von der öffentlichen Hand (Vormundschaftswesen!) in Herzen und Köpfen von Betroffenen einbrennen und die Erfahrung von Schande und Demütigung oft noch die zweite und dritte Generation prägen. In den Augen von Hardlinern, die ja heute wieder mit kräftiger Stimme auftreten, ist das natürlich ein Beweis für die Wirksamkeit solcher Methoden: Je tiefer die Erniedrigung, desto größer die Hemmschwelle; je härter die Sanktionen, desto kleiner die Zahl der Fürsorgefälle. Langfristig stimmt das aber eben nicht.

Da die Wirtschaft anzog, gab es bald kaum mehr Arbeitslose, ich musste in den sechziger Jahren sogar einen Job beschaffen für die Putzfrau auf dem Arbeitsamt, da dort niemand mehr die Böden verschmutzte! In den Sechzigern war der schweizerische Arbeitsmarkt dermaßen ausgetrocknet, dass ich sogar für schwer vermittelbare Personen ohne weiteres ein Arbeitsplätzchen fand.

Auf dem Bildungs- und Gesundheitssektor wurden große Fortschritte gemacht: In den Sozialberatungsstellen achtete man darauf, auch Kinder minderbemittelter Eltern eine Berufslehre oder das Gymnasium absolvieren zu lassen, die Präventivmaßnahmen im Gesundheits- und Ernährungsbereich zeigten Folgen, die Fortschritte in der Medizin stellten oft eine rasche Arbeitsfähigkeit nach Krankheiten und Unfällen her. Die noch heute umstrittene Praxis der obligatorischen Impfungen führte immerhin dazu, dass die Armenkrankheit Tuberkulose und die Kinderlähmung heute praktisch ausgestorben sind. Senioren konnten nun viel länger ihr Leben selbständig meistern, dank einer ausgeklügelten Altersmedizin und Präventivmaßnahmen wie Altersturnen oder Gedächtnistraining, angeboten zum Beispiel von der Pro Senectute.

Zur Stammkundschaft der Sozialarbeit, vor allem des Vormundschaftswesens, gehörten früher die ledigen Mütter und ihre Kinder. Ich habe kaum heftigere Katastrophen erlebt, als wenn eine junge Frau unerwartet eine Schwangerschaft aufgehalst bekam! Schande über Schande, zerstörtes Leben! Kaum wagte sie, es den eigenen Eltern zu beichten, nur im Verstecken oder Abtreiben sah sie eine Lösung. Den Weg zu ebnen vom emotionalen Desaster bis zum Weiterleben mit oder ohne Kind, war die Aufgabe von geschulten Sozialarbeiterinnen, die in geduldigen Gesprächen den Müttern Beistand leisteten. Professionelle Hilfe hieß hier: keine moralischen Vorwürfe an die Mutter, Respekt vor ihren Rechten, aber auch Schutz und Rechtsbeistand für das erwartete Kind. Hier wie auch im Scheidungsrecht wurden im vergangenen Jahrhundert enorme Schritte sowohl in der Gesetzgebung als auch in der Praxis getan, um die Rechte der Frauen und der Kinder zu stärken.

Mit der Einführung der Pille nahmen die unerwünschten Schwangerschaften deutlich ab, aber die Zeiten änderten sich ohnehin. Die Achtundsechziger brachten Freizügigkeit und Entspannung, freilich nahmen auch die Scheidungen kontinuierlich zu. Alleinstehende Mütter mit Kindern wurden eine Priorität auf Beratungsstellen, Vormundschaftsbehörden und allgemeiner Sozialhilfe. Das ist leider bis heute so geblieben, da die gesellschaftlichen Veränderungen nicht von den nötigen sozialen Rahmenbedingungen wie Teilzeitstellen, Krippenplätzen und Tagesschulen begleitet werden.

In den Sechzigern wurden in der Sozialarbeit die methodischen Ansätze, die Kunst der Gesprächsführung vertieft, die materielle Hilfe trat in den Hintergrund. Dafür begannen sich die Wolken über den zahlreichen in die Schweiz geholten Fremdarbeitern und Saisonniers zusammenzubrauen: Die Schweizer bekamen große Angst vor Überfremdung. Die Schwarzenbach-Initiativen drohten mit Ausweisung, sie wurden zwar alle knapp abgelehnt, aber der Virus der Fremdenfeindlichkeit, der mit diesen Kampagnen verstärkt wurde, blieb und sorgte für soziale Probleme. Viele Saisonniers und Gastarbeiter reisten nach Hause, weil sie sich nicht mehr sicher fühlten in dem Land, in dem sie sich zu integrieren begonnen hatten. Sie verstanden die Welt nicht mehr. Man hatte sie doch hergeholt!

Schwarzenbachs Initiativen waren zwar eine große Unfreundlichkeit gegenüber ausländischen Mitmenschen, die sich hier angestrengt hatten, aber im Kern sah Schwarzenbach vieles richtig. Der beispiellose Bauboom, der beinahe grenzenlose wirtschaftliche Aufschwung in unserem Land ging auf Kosten der Umwelt, des Zusammengehörigkeitsgefühls, der Befindlichkeit der untersten Schichten. Sündenbock waren nun größtenteils die ausländischen Menschen, die daran mitgearbeitet hatten.

Viele Bürger sahen das ein. Deshalb entstand im Zusammenhang mit den Überfremdungs-Initiativen die Mitenand-Initiative, die unter anderem auch von der Landeskirche unterstützt wurde. Sie sah größere Rechte und Integrationshilfen für die ausländische Bevölkerung vor. Ich machte dort mit, wie viele aus der Sozialarbeit, aus der Kirche und den Bürgerrechtsgruppen. Wir waren zuversichtlich, dass die Initiative durchkäme, schließlich hatte das Schweizervolk die Schwarzenbach-Initiativen abgelehnt. Aber welche Ernüchterung! An der Urne wurde das Begehren abgeschmettert. Nicht einmal dreißig Prozent der Leute stimmten zu! Das Nein zu den Schwarzenbach-Initiativen war nicht aus Menschenfreundlichkeit, sondern mit Rücksicht auf die Wirtschaft erfolgt.

Aus der großen Niederlage habe ich viel gelernt. Das

Wichtigste: Diejenigen, die wirklich für mehr Freiheit und Menschenwürde kämpfen, lassen sich durch Niederlagen nicht lähmen. In zahlreichen kleineren Projekten wurden die Anliegen der Initiative weiterverfolgt, viele mit Erfolg, einige davon bestehen noch heute, zum Beispiel die Berner Kontaktstelle für Ausländerfragen (ehemals ARBEKO, heute ISA), bei der ich im Vorstand mitarbeitete. Es war insofern ein Pionierversuch, weil das Anliegen der Mitenand-Initiative – mehr Mitbestimmungsrechte für Ausländer – in der Zusammensetzung des Vorstands umgesetzt wurde. Sämtliche größeren Ausländergruppen waren mit Stimmrecht vertreten. Die praktische Anwendung unserer Grundsätze erwies sich allerdings als viel dornenreicher, als wir gedacht hatten, unter anderem deswegen, weil die Vertretungen der einzelnen Länderkontingente miteinander konkurrierten – Spanien, Italien, Portugal, Türkei, Griechenland –, wenn es beispielsweise um Klubräume oder um Subventionen für Veranstaltungen ging.

Aus der Arbeit in der Mitenand-Initiative bildeten sich Freundschaften, die zum Teil bis heute bestehen. Immer wieder trifft man sich unerwartet an einem Ort, wo es um die Umwelt, die Menschenrechte, die Ausländer, Frauen oder Jugendliche geht. Diese Treue zur Sache von vielen, die trotz Niederlagen nicht aufgaben, ist für mich immer wieder ein Ansporn. Auch mein Mann Sergio Giovannelli machte in der Gewerkschaft bei der Mitenand-Initiative mit, aber ich kannte ihn damals noch nicht.

Im Einsatz für soziale Gerechtigkeit und Frieden braucht man Vorbilder. Eins war für mich in jenen Jahren der brasilianische Erzbischof, Armenpriester und Dichter Don Helder Camara. Er beehrte die Schweiz im Jahr 1967 mit einem Besuch und ließ sich unter anderem von der Berner

Kirche für einen Abend einladen. Es wurde alles unternommen, um ihn würdig zu empfangen. Wo er nächtigen würde, wusste man allerdings nicht, er lehnte das angebotene «standesgemäße» Hotel ab, er schlafe bei Freunden. Die reformierte Kirche von Bethlehem-Bern war rappelvoll. Großes Staunen herrschte, als ein kaum ein Meter sechzig großes Männlein die Kirche betrat. Hinter sich zog der Erzbischof ein Gefolge her, aber in den Bankreihen kam man nicht drauf, um wen es sich da handelte: Die Männer sahen aus wie Bauarbeiter. Mit herzlichen Gesten stellte sich der schmächtige Mann vor und gewann mit seinem bescheidenen Auftreten sogleich die Zuhörer. «Und hier sind meine Freunde aus Bern, bei denen ich schlafen durfte», fuhr er fort, und dann pflanzte er eine Frage in den Kirchenraum: «Die Fremdarbeiter aus Bern, auf dem Bau, in den Fabriken – wisst ihr, wo sie schlafen?» Große Verlegenheit – keine Ahnung. «In den Baracken unter der Autobahnbrücke. Ihr seht sie jeweils, wenn ihr mit dem Auto oder mit dem Bus nach Hause fahrt.» Und nun brachte der kleine Mann das ganze vorbereitete Programm des Abends durcheinander. Anstatt vom Elend in Brasilien zu erzählen, damit wir anschließend in die vorbereiteten Fahnentücher unsere Münzen und Noten für diese Armen werfen konnten, lehrte er uns, dass Armut nicht aus der Ferne zu begreifen sei, sie wohne gleich nebenan, und man könne nur berührt werden davon, wenn man sich direkt auf sie einlasse. Er lehnte eine Kollekte zugunsten seines Heimatlands strikt ab und ermunterte uns stattdessen, gleich hier und jetzt mit den anwesenden Gastarbeitern, die ihn freundlicherweise begleitet hätten, den Kontakt zu suchen. Die Organisatoren des Abends waren total überrumpelt. Auch die Besucher waren vor den Kopf gestoßen, aber nach und nach traten einige aus den Bankreihen heraus und gingen auf die Männer aus Spanien, Italien und Portugal zu. Es formierte sich eine Gruppe aus den unterschiedlichsten Leuten, von den Gastarbeitern waren aus sprachlichen Gründen nur wenige dabei. Man vereinbarte Treffen und tauschte Adressen aus. Die Gruppe traf sich danach noch über längere Zeit und löste sich dann allmählich auf.

Für mich war die Radikalität des brasilianischen Priesters eine Initialzündung. Das direkte Kennenlernen und Anteilnehmen ist für mich ein Programm geblieben. Ich lernte aber auch, dass diese Währung immer weniger wert ist, je höher man in der beruflichen oder politischen Hierarchie steigt.

Beim Basler Frauenverein, einer Institution, die Beziehungshilfe anbietet im Sinne von «jemandem helfen, seinen Weg zu finden», konnte ich erleben, was wirkliche Hilfe zu leisten vermag. Es gehört zum Schönsten, was ich in meinem Beruf erlebt habe. Es lässt sich am besten durch ein Beispiel erläutern.

An einem Tag ohne Sprechstunde war Frau L. in mein Büro geschneit. Ohne sich vorzustellen, kam sie durch die Tür und setzte sich auf einen Stuhl – auf die Kante, als wolle sie gleich wieder verschwinden. Sie legte nicht ab und schaute sich um wie ein gehetztes Tier. Ob man hier Hilfe bekommen könne. Ob man Verständnis habe für Frauen, die dreckig behandelt worden seien. Ich nickte und fragte nach Namen und Anliegen. Da schaute sie kurz mit schräggelegtem Kopf, stand auf und huschte aus dem Büro. In unregelmäßigen Abständen erschien sie jedoch wieder, als ob sie irgendwie testen wolle, ob sie es wagen solle, sich einer Institution und deren Vertreterin anzuvertrauen. Obwohl sie sauber gekleidet und gekämmt war, fragte ich mich, ob die Frau eine Obdachlose sei, denn sie hatte stets mehrere prall gefüllte Plastiksäcke bei sich, die sie den Spalenberg heraufgeschleppt hatte. Die Frau war abweisend und dreist zugleich, sie platzte ins Büro, ungeachtet dessen, dass meine Sekretärin im Vorzimmer ihr gesagt hatte, sie müsse sich anmelden, sie provozierte mich mit einigen spitzen Fragen, um bei einer Gegenfrage spurlos zu verschwinden. Zweifellos: Die Frau testete das Terrain – und ich erkundete ebenfalls mein unbekanntes Gegenüber. Ich war überzeugt, dass sie nicht nur bei mir vorsprach, womöglich war sie stadtbekannt bei einschlägigen Institutionen. In einer gesetzlichen Institution hätte ich mich ans Telefon gehängt, bei vertrauten Kolleginnen nachgefragt und wäre wahrscheinlich bald im Besitz nützlicher Informationen gewesen. Aber ich hatte den Eindruck, es sei besser, der Frau Zeit zu lassen, um Vertrauen zu gewinnen. Nach und nach begann die Unbekannte längere Monologe vorzutragen, ohne mich dabei anzusehen. Ich saß still und sagte manchmal «Schlimm» oder «Traurig», forderte sie aber nicht auf, sich weiter zu erklären. Es schien mir, sie fühle sich verfolgt, manchmal hob sie die Faust und murmelte, man müsse «es denen zeigen».

Vermutlich ist sie bevormundet, dachte ich. Entmündigte fühlten sich leicht eingeengt und verfolgt.

«Sie wollen mich wegsperren», murmelte die Frau einmal. «Aber sie kriegen mich nicht, und wenn ich vors Bundesgericht muss.» – «Ist es der Vormund, der Ihnen Angst macht?», fragte ich aufs Geratewohl. Ohne ein Zeichen von Verwunderung fuhr die Frau fort: «So geht man mit keinem Hund um, die lügen und stehlen, kein Wort ist wahr, was diese Halunken sagen.»

Brocken um Brocken rutschte es der Frau heraus. «Alles weggeschafft, alles, was ich hatte, futsch. Ich war jemand, jawoll, ich hatte mein Leben in Ordnung, aber dann haben sie mich in die Klapsmühle getan und mir alles gestohlen, was ich hatte ...» Am Schluss des Gesprächs war klar, dass die Frau in einer Gemeinde am Thurgauer Seerücken bevormundet war, obwohl sie schon lange in Basel wohnte. «Eine Übertragung des Ganzen nach Basel sollte ohne weiteres möglich sein, soll ich das mal abklären?», schlug ich vor, worauf sie wie von der Tarantel gestochen aufstand und verschwand. Ich blickte ihr nach, wie sie mit hängenden Armen, an denen die schweren Taschen baumelten, den Spalenberg hinunter verschwand. Ich bin zu voreilig gewesen mit meinem Angebot, schimpfte ich mit mir selber.

Aber sie kam wieder. Und schließlich gab sie, nervös um sich blickend, ihre Adresse preis. Und nach weiteren Gesprächen erlaubte sie mir, Kontakt mit den Thurgauer Behörden aufzunehmen. Ich erfuhr, dass man die Vormundschaft schon längst nach Basel habe übertragen wollen, aber Frau L. habe sich dem unter schlimmen Drohungen immer widersetzt.

Frau L. hatte eine Odyssee in Kliniken infolge ihrer Wahnkrankheit hinter sich, aber zugleich hatte sie endlos mit Amtsstellen wegen ihrer Bevormundung prozessiert. Nach Ansicht der Thurgauer Behörde war eine Entlassung aus der Vormundschaft nicht möglich, da die äußerst betriebsame Frau überall Händel stifte und auch gewalttätig werden könne. Ich sprach mit ihr über die Wahl eines neuen Vormunds, und es war schnell klar, dass sie mich zu diesem Zweck ausgekundschaftet hatte. Ich erklärte mich bereit, das Amt zu übernehmen, sagte ihr jedoch, dass die

Schwierigkeiten damit nicht aufhören würden. Da sie es hasse, bevormundet zu sein, könne es nicht ausbleiben, dass sie mich auch oft ablehne. «He ja», antwortete da die Klientin höchst vernünftig. «Aber Sie wissen auch, warum.» Ich sah in ein intelligentes, wissendes Gesicht und gab meinem neuen Mündel die Hand. Mir schien, wir hätten soeben einen wortlosen Vertrag miteinander geschlossen, nämlich, dass ihre Krankheit beidseitig erkannt und akzeptiert wird.

Dieser Kontrakt hielt viele Jahre und stabilisierte die Persönlichkeit von Frau L., die bislang «ein Schreck aller Behörden» war, wie es in einem Protokoll hieß, die sogar mit ihren Prozessen, die sie alle verlor, bis ans Bundesgericht gegangen war. Es war der Aufbau einer Vertrauensbeziehung Schritt um Schritt, die ungeachtet der nach wie vor auftretenden Wahnvorstellungen und Schizophrenieschübe dazu führte, dass Frau L. mit allem, was irgendwie nach «behördlich» klang, sofort zu mir stürmte und sich dann zufrieden gab, egal, ob ich bei den «Halunken» etwas erreichte oder nicht.

Da sich der Wahn von Frau L. gezielt auf Behörden, genauer ihren früheren Vormund richtete, begann ich hellhörig zu werden auf das, was sie gegen ihn vorbrachte. Man kann häufig nicht alles als Wahn abtun, was Wahnkranke erzählen. Dass sie ihr früherer Vormund um ein Millionenerbe gebracht habe, war natürlich Unsinn, da weit und breit keine Spur eines früheren Reichtums zu erkennen war. Hingegen schien mir, dass ihr konstanter Vorwurf, es würden ihr Silberketten einer Berner Tracht fehlen, einen guten Grund haben könnte. Meine Anfrage im Thurgau bewirkte, dass Wochen später eine Schuhschachtel bei mir eintraf, welche die Ketten und Rosetten (eine Rosette fehlte) nebst einigem anderen Schmuck und etwas Silberbesteck enthielt, alles durcheinandergeworfen und ohne ein Inventar. Irrtümlich sei die Schachtel unter die Effekten eines anderen Mündels geraten. Die Bescherung zeigte mir mit einem Blick, dass vermutlich die erste Klinikeinweisung der Frau, verbunden mit einer behördlich angeordneten Auflösung ihres Haushalts, schwere Verletzungen in ihr hinterlassen hatte. Ich konnte mir vorstellen, dass es am nötigen Respekt und der notwendigen Miteinbeziehung der Patientin gefehlt hatte. Ich wickelte die Schmuckstücke in schöne Stoffe und ordnete alles in eine gute Schachtel, die ich Frau L. übergab. Erstaunlicherweise stellte sie nicht nur keine weiteren Forderungen, sondern beruhigte und «normalisierte» sich mehr und mehr. Ich wollte nun den Prozess der Aufhebung ihrer Vormundschaft beginnen, allerdings ein schwieriges Unterfangen, denn dass die Frau nach wie vor krank war und Hilfe brauchte, war klar. Ich fand eine Psychiaterin, die bereit war zu bezeugen, dass behördliche Entmündigung für eine solche Krankheit Gift, das heißt krankheitsverstärkend sein konnte. Aber ich schwitzte Blut, als der Prozess über die Aufhebung der Vormundschaft vor einem Basler Gericht über die Bühne ging! Ich durfte nicht neben meiner Mandantin sitzen, sondern musste hinten Platz nehmen. Frau L., wie immer mit einem extravaganten Hut auf dem Kopf, wurde vom Gerichtsdiener befohlen, diesen abzunehmen. Da stand sie ganz allein und «entblößt» vor dem erhöht sitzenden Gerichtspräsidenten, der auf den nackten Scheitel von Frau L. hinabsah. Gott sei Dank war es eine eher väterliche Gestalt, der Mann hatte nichts Sadistisches an sich. Trotzdem flehte ich innerlich: «Lass sie in dieser Umgebung bloß das Richtige sagen!»

Frau L. hatte ihre souveräne Stunde, womit sie auch mich verblüffte. Auf die Frage des Präsidenten, wie sie mit ihren Schwierigkeiten umgehe, antwortete sie wie aus der Pistole geschossen: «Immer, wenn so ein verdammter Fackel von irgendeiner Amtsstelle eintrifft, hängt es mir aus …!» Der Präsident: «Was machen Sie dann?» Sie zeigte mit der Hand nach hinten: «Dann gehe ich zu der da», und sie schien mit dieser Antwort so überzeugend zu klingen, dass nach einem weiteren Gespräch die Vormundschaft tatsächlich aufgehoben wurde. Ohne behördlichen Druck kam und ging Frau L. dann zum Heuberg, es hängte ihr immer seltener aus, ihr Vertrauen in sich selbst und die Umgebung wuchs. Hatte sie mal wieder einen Schub und bedachte mich mit einem bösen Brief, konnten wir anschließend sogar darüber lachen, denn wir wussten, dass ein Grundvertrauen und eine Zusicherung der Akzeptanz stabil geworden war. Als ich die Stelle wechselte und sie ins Altersheim ging, konnte sie das Vertrauen ohne weiteres auf ihre neuen Betreuungspersonen übertragen.

Sorgfältige, mitmenschlich achtsame Betreuung, von Fachkenntnissen wie dem guten Willen getragen, gewährt den Klienten Würde und Lebensqualität und spart immense Kosten, die ansonsten wegen ständiger Umplazierungen, neuer Gutachten, Klinikaufenthalten und Prozessen entstehen. Aber heute sind unter dem Druck eines unergiebigen Effizienzdenkens Behörden nur noch selten bereit, die Kosten für eine zu Beginn aufwendige, dafür langwirkende, fachkundige Betreuung aufzubringen. Das Wesentliche der menschlichen Hilfe ist rational nicht erfassbar, mit einem Punktesystem kommt man ihm nicht auf die Spur.

Irr- oder Umwege?

Es war früher Morgen, als sie ihre Wohnung verließ, die Schafe am Margarethenhügel und die Pfauen auf ihren Schlafbäumen im Zolli auf der andern Seite der Pruntutermatte schliefen noch. Sie liebte diese Zeit des Tages, wenn die Stadt noch schlief und der Verkehrslärm ruhte. Sie hörte ihre Schritte in den Gassen der Altstadt, als gehörte diese ein wenig ihr.

Im Heuberg war um diese Zeit noch alles ruhig, die Büros würden erst in einer Stunde geöffnet. Im Parterre war die Näh- und Flickstube des Vereins untergebracht, es duftete nach Stoff und Schneiderkreide.

Beim Eintritt ins Büro vermied sie den Blick auf ihren Schreibtisch mit den Beigen der Pendenzen und der Agenda, sie hatte eine Stunde Vorsprung, die sie wie immer nutzen wollte zur Sammlung, Vorbereitung auf den Tag: sich leeren vom Unrat des Vortags und sich füllen mit einer hoffnungsvollen Ausrichtung auf das Jetzt. Dass sie dem gewachsen sei, war eher ungewiss, Selbstzweifel wechselten mit Zuversicht. Sie war jung, noch keine dreißig Jahre alt, und den ganzen Tag über trafen auf der Beratungsstelle Frauen ein, die sich im Leben nicht zurechtfanden, Scheidungen oder berufliches Scheitern hinter sich hatten, in psychische Krankheiten verstrickt waren, krampfhaft an unerreichbaren Zielen festhielten, ihren Schulden nicht entkamen oder die einfach maßlos Pech hatten.

In der Sitzecke gegenüber vom Schreibtisch nahm sie Distanz. Dazu verhalf ihr eins der Bücher, die stets griffbereit auf dem Sims lagen und versprachen, inneres und äußeres Chaos zu glätten, Angst zu nehmen vor Bergen von Arbeit und Problemen. Ob es nun die Bibel war, ein philosophisches Werk oder eins über Geschichte, ob Gedichte von Erich Fried oder Hilde Domin, es musste etwas sein, das über Alltägliches hinauswies, das über allem Elend und allem Unrecht das Dauerhafte anzeigte.

Es trieb sie zu dieser Einkehrstunde nicht nur das oft aussichtslos scheinende Schicksal von Klientinnen, sondern die Trostlosigkeit in ihrem Innern. Sie fühlte sich ihren Schutzbefohlenen verwandt und musste doch ihnen gegenüber Festigkeit, Zuversicht und Führung markieren, die mit ihren Selbstzweifeln nicht übereinstimmten. Sie war selbst in jungen Jahren gestrauchelt, auf eine Art, wie es vielen Mädchen auch aus guten Häusern passiert und worüber später meist eine Decke des Schweigens gebreitet wird. Auf einem Ruderboot war sie von einem viel älteren, verheirateten Mann genommen worden und blieb in seinen Fängen, zog niemanden ins Vertrauen, fühlte sich nur abgrundtief schuldig. Sie hatte sich ihr Gefangensein im Verhängnis nicht eingestanden, spielte in der Familie weiterhin die Rolle der starken, verlässlichen ältesten Tochter und Schwester, die nur an andere denkt.

Durch ihr geheimes Doppelleben verstrickte sie sich mehr und mehr in Unwahrheiten, was sie in weitere Nöte brachte, schließlich stahl sie sogar Geld. Aber sie wurde dabei scharfsichtig in der Beobachtung der Fassaden anderer Menschen, sie geriet in Kreise – der betroffene Mann war Künstler –, wo in den Hinterzimmern der Ateliers oder in den Separées der Zunfthäuser in den Morgenstunden nach dem Zürcher Sechseläuten Schamloses gefeiert wurde. Sie sah in die Abgründe hinter wohlanständigem bürgerlichem Gehabe und steckte selbst mit einem Fuß darin, kurz: Sie erfuhr die Welt von einer ihr bislang völlig unbekannten Seite. Den scharfen Blick würde sie nie mehr verlieren.

Aber dort im Sessel ihres Büros beschlichen sie Zweifel, ob sie selbst mit ihrer verborgenen Vergangenheit ihrem Beruf gewachsen sei. Wohl hatte sie vor Antritt ihrer ersten Stelle, im Bewusstsein, dass sie so nicht in die Praxis eintreten könne, dem Doppelleben und allem, was damit zusammenhing, ein Ende gemacht und sich in eine Psychotherapie begeben, um aufzuarbeiten, was bisher schiefgelaufen war. Neben der ärztlichen Hilfe hatten ihr hilfreiche Menschen – und ihre Bücher – geholfen. Die größte Motivation aber waren für sie ihre Klientinnen. Als sie zu Beginn ihrer Praxis am Heuberg eines Morgens mutlos, in lauter Selbstanschuldigungen befangen, am Schreibtisch klebte und dann wahrnahm, wie die Klinke ihrer Bürotür sich sachte senkte und jemand ihre Hilfe suchte, empfand sie diesen Besuch fast wie einen Engel, der sie aus der Tiefe holte. Und sie hatte seither erfahren, dass ihre eigene Betroffenheit und Krisenerfahrung ein Schlüssel war zum Verständnis der ihr Anvertrauten.

Dank vielen verständnisvollen Helfern hatte sie ihre Laufbahn nach ihrem Straucheln fast unbeschadet fortsetzen können. Solche Hilfen hatten ihre Klientinnen meistens nicht. Also war es an ihr, zu geben, wozu sie imstande war.

Eben hat sie über diese Zusammenhänge nachgedacht und Dankbarkeit empfunden, da klopfte es an die Tür. Sie hat sich in der Zeit vertan, acht Uhr ist vorbei. Ihre Klientin öffnet die Tür, sieht zuerst den leeren Stuhl beim Schreibtisch und macht ein enttäuschtes Gesicht, entdeckt dann ihre Sozialarbeiterin im Sessel und ruft freudig: «Sie ist ja doch da!»

Da weiß sie, dass sie gebraucht wird – sollte sie da nicht zufrieden sein?

5. Stille Zeiten

Meine sieben Basler Jahre waren vor allem der Auseinandersetzung mit mir selber, meinem einseitigen und überwiegend vom Elternhaus geprägten Weltbild und dem Suchen nach einem eigenen Lebensentwurf gewidmet. Anhaltend gefördert wurde diese Auseinandersetzung durch die tägliche Beschäftigung mit den Schicksalen der Frauen, mit denen ich beruflich in Kontakt war, und meine intensive Psychotherapie, die ich nebenher machte. Ein sehr langer, anstrengender Prozess. Therapie ist eine oft mühselige und langwierige Arbeit an sich selbst. Anfänglich nahm ich es zu leicht. Da ich bis anhin alle an mich gestellten Anforderungen von außen gesehen gut gemeistert hatte, nahm ich an, ich würde auch die Bearbeitung persönlicher Fehlentwicklung zügig hinter mich bringen. «Ich bin eine rasche Natur», verkündete ich meinem Psychiater in der ersten Stunde, «und es geht mir auf die Nerven, wie Menschen heutzutage endlos in Therapien herumhocken. Ich will das rasch und effizient hinter mich bringen!» Mit welchem Zeithorizont der Arzt rechne, wollte ich noch wissen. Der ältere Herr ließ sich nichts anmerken, lehnte sich zurück und meinte gelassen: «Ich denke, nach einem Jahr haben wir ein erstes Stückchen geschafft ...» Ich schluckte leer. In einem Jahr bin ich längst fertig, schwor ich mir.

Nach beinahe zehn Jahren war es dann endlich soweit. Mein Widerstand gegen eine eigenständige Lebensführung war zu groß, die Ängste vor dem Aufgeben des elterlichen

Porträt Judith Blocher (Foto: Barbara Kruck)

«Geländers» waren riesig. Bei jedem Schritt der Befreiung reagierte ich mit Schuldgefühlen und Selbstbestrafung. Der Druck des Familienverbands mit der Unterfütterung festgefügter religiöser Grundsätze war enorm.

Dr. Peter Mohr, mein Arzt und der Direktor der psychiatrischen Klinik Königsfelden, begegnete meinen heftigen Widerständen mit großer Geduld und einer mir verdeutlichten Gewissheit, dass ich es schon schaffen würde. Er stellte aber auch Forderungen, gestattete nicht, dass ich mich gehen ließ. Oft fühlte ich mich derart niedergeschlagen, dass ich um einige Tage Krankheitsurlaub bat. Das hatte ich bei verschiedenen Kolleginnen gelernt, die ebenfalls in Therapie waren und immer wieder mal einige Tage aussetzten.

Dr. Mohr war strikt anderer Meinung. Einen Rahmen nützlicher Arbeit zu haben sei gut, meinte er. «Ihre Vorgesetzte sagt Ihnen dann schon, wenn sie der Meinung ist, Sie wären nicht imstande dazu.» Er verlangte auch, dass ich immer pünktlich zu seiner Sprechstunde erscheine und keinen Termin ausfallen lasse. Er selber hielt sich trotz großer Arbeitsbelastung auch daran. Er gab mich nicht auf – auch nicht in Perioden, in denen ich beinahe stillstand. Dass ich in keine «Opferhaltung» verfiel, ist ihm zu verdanken. Er machte nämlich von Anfang an klar, dass er zwar die Störungen als Folge von Überlastung in der Kindheit und unrealistischen Erziehungsidealen meiner Eltern verstehe, «aber was Sie daraus machen, liegt allein in Ihrer Verantwortung, ein Abschieben aufs ‹Milieu› hilft Ihnen nicht weiter.» Ich fühlte mich dadurch herausgefordert, volle Verantwortung für mich selbst zu übernehmen. Nach und nach merkte ich, wie «außengeleitet» ich bisher gelebt hatte, und wagte es Schritt für Schritt, auf mich selbst zu hören.

Nach dem Läuterungsprozess, der auch gehörig Aggressionen gegen meine Eltern und gewisse kirchliche Traditionen, die Haltung gegenüber der Frau, der Abwertung des Weiblichen, freigesetzt hatte, die ich alle auf den Arzt projizierte, wie es das Therapiekonzept vorschreibt, konnte ich umso besser anerkennen, was mir meine Eltern mitgegeben haben, und meinen mir eigenen Lebensweg ohne Schuldgefühle gehen. Selbstverständlich lassen sich Wunden und Narben von Belastungen aus der Kindheit nicht einfach auslöschen, es bleiben Narben, die vielleicht bei neuen Belastungen wieder aufbrechen. Später habe ich in meinen Supervisionen mit Studierenden, wenn die Rede darauf kam, gerne den Ausspruch von Martin Luther zitiert, der sagte: «Man muss den alten Adam täglich ersäufen, denn das Luder kann schwimmen.» Die Souveränität des Alters macht es möglich, dass man sogar lächeln kann, wenn das «Ungeheuer» mal wieder auftaucht – da bist du ja wieder, du gehörst halt zu mir ...

Am Beispiel meines Arztes habe ich gelernt, was uneigennütziger, zurückhaltender Beistand gegenüber einem leidenden Menschen ausmacht. Aus der vertieften Beschäftigung mit der eigenen Psyche, dem eigenen Unbewussten entwickelte sich eine Affinität für den Umgang mit Klientinnen, die psychisch ebenfalls belastet waren. Bald machten sie den größten Teil meiner Kundinnen aus. Darunter waren Frauen, die aus der psychiatrischen Klinik entlassen worden waren und einen Neuanfang «draußen» versuchten oder hin und her pendelten, Frauen mit starken Depressionen, Neurosen oder einer Paranoia. Ich arbeitete eng mit den Ärzten in der Klinik zusammen, leistete Sachhilfe und versuchte, den Frauen einen Ort der Zuflucht zu bieten. Unter ihnen waren auch Prostituierte oder solche, die allen Boden unter den Füßen verloren hatten und orientierungslos in der Welt umhertaumelten. Aber es gab auch Mütter mit guten persönlichen Voraussetzungen, die materiell und strukturell in einer so miserablen Lage waren, dass sie vor allem finanzielle Entlastung, berufliche Förderung und vielleicht auch mal einen Erholungsaufenthalt brauchten.

Diese Arbeit lag mir sehr, und ich hatte ideale Arbeitsbedingungen. Als Leiterin der Stelle konnte ich meine Arbeit selbst gestalten, und der Vorstand des Basler Frauenvereins war ein fortschrittlich gesinnter, verständnisvoller Arbeitgeber. Ich hatte genügend Zeit, um eine stabile Beziehung zu meinen Klientinnen aufzubauen, als Angestellte einer angesehenen Institution konnte ich mich aber auch wehren bei Arbeitgebern, Hausmeistern und Amtsstellen, wenn meine Frauen ungerecht behandelt wurden. An die Beratungsstelle angegliedert war eine Rechtsberatungsstelle, wo ich juristischen Rat und Hilfe holen konnte, und wenn es um die Unterbringung von Kindern ging, konnte ich mich an die ebenfalls vom Frauenverein geführten Krippen, Horte und Kinderheime wenden. Das gesamte Werk mit damals über zweihundert Mitarbeiterinnen wurde geleitet von ehrenamtlich arbeitenden Damen der besseren Basler Gesellschaft, vornehmlich aus dem sogenannten «Daig», die aber nicht einfach Tee tranken und befahlen, sondern mit großem Engagement und viel Einsatz das Werk vorwärtsbrachten, aufgeschlossen neue Wege gingen und bei der Durchsetzung ihrer Projekte mutig ihre familiären Kontakte spielen ließen. Natürlich wurde das Ganze subventioniert von der öffentlichen Hand, aber für letzte Entscheidungen und Pionierprojekte waren die Damen zuständig, und die Abwesenheit der Machtinstrumente von Amtsstellen schuf bei den Klientinnen die Voraussetzung, Vertrauen zu fassen und am Hilfsprozess mitzuarbeiten.

Bedingt durch die Psychoanalyse (und die finanziellen Einschränkungen, die diese mit sich brachte), aber auch durch die anstrengende Beratungsarbeit lebte ich in den sieben Basler Jahren sehr zurückgezogen. Aber das war natürlich nicht der einzige Grund. In Wirklichkeit hatte ich eine große Angst vor dem Leben, ich traute mir kaum zu, selbständige Schritte in das private Leben hinein zu wagen, Bekanntschaften zu machen, Dinge zu unternehmen, die mir von zu Hause aus unbekannt waren, zum Beispiel zu

Mit Kollegin und Freundin Mina Sägesser, Basler Frauenverein, 1965

tanzen oder an einem ausgelassenen Fest teilzunehmen. Im abgelegenen Weiler Laufen und in der abgeschirmten Atmosphäre eines Pfarrhauses hatte ich eigentlich keine Ahnung, wie das Leben «geht», ich wusste nicht, was man anzieht, wenn man irgendwo eingeladen ist, was man mit Ferien außerhalb der Familie anfängt. Zu Hause war ich kaum je gelobt worden, und meine schlechten Schulzeugnisse ließen große Zweifel an mir aufkommen, irgendwie schien ich nicht in Ordnung zu sein. Als es um meine Berufswahl ging und mein Vater mit mir bei der Berufsberaterin vorsprach, um abzuklären, ob ich die nötigen Fähigkeiten für den von mir gewünschten Beruf einer Fürsorgerin hätte, kniff er die Augen zusammen und sagte zur Beraterin: «Für diesen Beruf braucht es ja Verantwortungsbewusstsein. Meine Tochter kann aber noch nicht einmal ordentlich abstauben!» Er sagte es zwar lächelnd, aber irgendwie traf er damit mein Selbstbild: Ich traute mir nichts zu. Zum Glück war die Beraterin eine reife, sehr gütige Frau, die sofort spürte, wo es mangelte: Sie nahm mich gleich unter ihre Fittiche. In Ausbildung und Praxis bekam ich immer Bestätigung, aber ich konnte sie nicht für voll nehmen, ich verdächtigte mich, anderen etwas vorzuspielen, Lehrer und Vorgesetzte zu täuschen. Ich tat mich schwer mit der Überzeugung, etwas zu können und auch charakterlich gute Seiten zu haben. Ich glaube, das Zutrauen und der Glaube an sich selbst müssen sich in der Kindheit entfalten, sonst hat man ein Leben lang mit Selbstzweifeln zu kämpfen.

Als starke Belastung in Basel kam dazu, dass ich während zwei Jahren eine meiner jüngeren Schwestern bei mir aufnehmen musste, die in Basel eine Ausbildung machen wollte. Ich hatte es abzuwenden versucht, indem ich ihr eine Ausbildungsmöglichkeit in Chur vorschlug, die außerdem einen besseren Ruf hatte als die in Basel. Aber sie wollte nicht. Und dabei hatte ich mich so darauf gefreut, endlich, endlich eine eigene Wohnung zu haben und endlich unabhängig leben zu können, denn während meiner Stellen in der Gemeindefürsorge hatte ich nur in möblierten Zimmern gewohnt, weil ich mir noch keine eigenen Möbel leisten konnte. Als ich dann mit dreißig Jahren in die schöne Zweizimmerwohnung unter dem Margarethenhügel zog, fühlte ich mich sehr befreit.

Das Zusammenleben mit meiner Schwester, die mit großen eigenen Schwierigkeiten zu kämpfen hatte und sich von ihrer älteren Schwester einiges erwartete, war unerfreulich und hatte Folgen für unsere Beziehung. Es war ein großer Fehler, dass ich mich damals nicht für meine elementaren Bedürfnisse gewehrt habe, sondern einmal mehr die fatale Rolle der älteren Schwester übernommen habe. Jüngere Geschwister nehmen den Erfahrungs- und Altersvorsprung der älteren meist ambivalent wahr, Hilfsbereitschaft und Einfühlung in ihre Grenzen dürfen diese auf jeden Fall nicht erwarten. Ich habe leider sehr lange gebraucht, bis ich die erdrückende und einschnürende Rolle der Ältesten loslassen konnte, ein halbes Leben war ich damit beschäftigt. Wenn ich die Zeit vor meinem vierzigsten Altersjahr mehrmals als «die bleierne Zeit» in meinem Leben bezeichnet habe und sagen konnte, ich hätte bis zu jenem Punkt «überhaupt nicht gelebt», so stimmt das, wenn ich jetzt Rückschau halte, denn doch nicht ganz. Ich war zwar noch nicht bereit für den Sprung ins selbst gewählte Leben, aber die stille Zeit eines unauffällig zurückgezogenen Daseins hat doch vorbereiten geholfen, was sich erst später in meinem Lebensalltag umsetzte.

In den äußerlich fast bewegungslosen Jahren habe ich ein bewegtes Innenleben gehabt, aufgewühlt durch das Umpflügen meiner Vergangenheit in der Therapie. Daneben entwickelte ich mich zu einer Leseratte. Allein schon, dass ich einmal Zeit hatte für mich, nicht ständig gestört wurde durch Ansprüche der Familie und von anderen, war eine Wohltat, daneben regte die Lektüre meine Phantasie und meine Freude am Denken an, es war wie ein Vorfühlen des Umgangs mit dem Leben, welches für mich erst kommen sollte. Gleichzeitig habe ich damit autodidaktisch und unsystematisch einen Teil der mir fehlenden Bildung nachgeholt. Das beweisen mir meine Bücherregale mit all den Werken, in die ich auf den hintern Deckblättern in winziger Schrift festgehalten habe, was mir bei der Lektüre damals wesentlich war und was ich keinesfalls vergessen wollte.

In der Literatur waren es in jenen Jahren vor allem deutsche, französische, italienische und russische Autoren, die mich fesselten. Und die Gegenwart der DDR-Literatur: Christa Wolf, Irmtraut Morgner, Maxie Wander, Monika Maron, Helga Königsdorf, Sara Kirsch und Reiner Kunze, von denen ich fast alles las, was erhältlich war. Unter den Italienern ist meine Favoritin Natalia Ginzburg, nicht nur mit ihrem Werk, sondern auch mit ihrem bewundernswerten Leben, aber auch die Übrigen dieses einmaligen Dichterkreises von Turin nach dem Ende des Krieges, die einen Aufbruch aus den Trümmern des Faschismus vor sich sahen und dann innerhalb von zwei Jahrzehnten schwer enttäuscht wurden. Diese Bücher öffneten mir den Blick für die Landschaft Europas nach dem verheerenden Holocaust: Sie zeigten die Tragik und das Grauen, das durch Europa gezogen war, es gespalten und Wertvollstes zerstört hatte, wo es aber nach wie vor Menschen gab, die nicht vergessen wollten, der Toten und Geschundenen gedachten und das Wissen über die humane Bestimmung des Menschen neu skizzierten.

Unter den Franzosen habe ich einen Liebling in der grotesken Figur und dem opulenten Erzähler Honoré de Balzac. Neben viele anderen ist mir bis heute immer und immer wieder Albert Camus wichtig, der große Liebende und an den Menschen Verzweifelnde, der Mann, der von unten kam und den Geringgeachteten und Namenlosen verbunden blieb. Vor- und Leitbild, literarisch wie menschlich, ist mir Anton Tschechow geworden, der seit Jahren im Porträt auf meinem Schreibtisch steht. Ein Autor, welcher die Menschen in ihrem Scheitern erbarmungslos nüchtern geschildert und festgehalten hat, wie sie fast unter Zwang in ihre Katastrophe hineinlaufen. Die Geschichten und Dramen von Tschechow enden durchs Band weg schlecht, und doch sind sie mit tiefer Sympathie für die menschliche Natur geschrieben – und so war auch sein Leben. Tschechow hat das Leiden und Scheitern der Menschen ertragen, aber nicht akzeptiert. Er bezeichnete sich nicht als Christ, sondern glaubte, seiner Zeit entsprechend, an einen möglichen Fortschritt durch Aufklärung und Bildung, er gründete Schulen und Krankenhäuser. Aber ebenso, wie er sein eigenes tuberkulöses Leiden medizinisch nicht meistern konnte, stand er dem ruinösen Leben von Familienmitgliedern trotz ständigem Bemühen machtlos gegenüber. Dennoch gab er den Kampf nie auf. «Man muss arbeiten, wissen Sie, ohne die Hände ruhen zu lassen», meint er einmal. Einer seiner Biographen schreibt: «Tschechow führt die Gedanken und das Herz des Menschen an den schwermütigen Gedanken des Unlösbaren heran. Das Problem des Unlösbaren ist für ihn wichtiger als alles andere auf der Welt – wichtiger als der ‹Fortschritt›, das ‹menschliche Wohl› und alle Errungenschaften.» Damit anerkennt Tschechow die Parabel des Sisyphus als Lebensschicksal, eine Auffassung, der ja auch Camus anhing – und dies, obwohl beide Schriftsteller im Leben individuell wie gesellschaftlich und auf politischem Weg an der Verbesserung des menschlichen Loses unermüdlich arbeiteten.

«Bücher sind die Noten – und das Gespräch der Gesang», schreibt Tschechow in der erschütternden Erzählung *Krankensaal Nr. 6*. Bereits in der Grundausbildung war mein Hunger nach Klärung von Menschenbildern und Zielvorstellungen für das Leben groß. Aber in der Zürcher Schule für Sozialarbeit war mir die Kost zu flach. Heimlich belegte ich an der Uni ein Philosophieseminar. Aber dort war es dasselbe. Am Schluss einer Vorlesung war mein Heft so weiß wie zuvor, kein einziger Funke war vom Rednerpult zu mir herüber gesprungen. So war ich denn darauf angewiesen, langsam und manchmal wie zufällig ins Denken von Philosophen einzudringen, wobei sich die Türe meistens dann öffnete, wenn ich einen Zusammenhang von Werk und Biographie entdeckte.

Ich las eine ganze Weile lang Kierkegaard, seine kirchenkritische Haltung und die Freiheit des «Glaubens-Sprungs» sprachen mich an, aber ganz verstand ich ihn nicht. Die Radikalität von Simone Weil bewirkte bei mir eine Entzündung der inneren Haut, ich las sie wie im Fieber – wer sie gelesen hat, vergisst sie nicht mehr –, und dennoch blieb ich allen radikalen Ansätzen gegenüber bis heute skeptisch, auch wenn sie zunächst Bewunderung auslösen. Richtig brauchbar wie Brot war und ist hingegen Karl Jaspers für mich. Mit seiner unaufgeregten, verständlichen Sprache legt er einen Boden, auf dem man aber nicht kleben bleibt. Die Geduld dem Leben gegenüber wie auch die Festigkeit der Überzeugung hat er während des ganzen Zweiten Weltkriegs hindurch bewiesen, den er in Deutschland überstand, krankheitshalber vom Wehrdienst befreit. Zurückgezogen schrieb er in dieser Zeit seine Werke, die dem Nationalsozialismus total zuwiderlaufen. Nach dem Waffenstillstand zog er nach Basel, wo seine gewaltige schöpferische Leistung während des inneren Exils endlich gedruckt und der Öffentlichkeit zugänglich gemacht werden konnte.

Jaspers ist für mich der Inbegriff der inneren Freiheit des Menschen. Von ihm ist es nicht weit bis zu Hannah Arendt. Bei Überprüfung meiner Büchersammlung stelle ich fest, dass ich von kaum einem anderen Autor so viele Werke besitze wie von ihr. Ihre Hauptwerke haben bei mir ein Umdenken bewirkt. Aber ebenso angesprochen hat mich ihre Person, ihre Widersprüchlichkeit, wie sie in den Briefwechseln mit Karl Jaspers, ihrem späteren Ehemann Heinrich Blücher und vor allem mit ihrer Freundin Mary McCarthy zum Ausdruck kommt. Ihre Warmherzigkeit den Menschen gegenüber, aber auch ihre Zerrissenheit, zum Beispiel in ihrer lebenslangen Anhänglichkeit an ihren Lehrer Martin Heidegger, der zwischenzeitlich deutliche Nazi-Sympathien hegte, sprechen mich sehr an. In Basel, wo ich gelegentlich seine Predigten vor Gefangenen hörte, las ich Karl Barths Dogmatik und war tief beeindruckt vom Geist der Offenheit und Menschenliebe, die darin zum Ausdruck kommt. Der strafende Gott tritt hinter dem liebenden Gott zurück. Das hatte ich nötig! Barth hielt zu jener Zeit wöchentliche Bibelstunden auf dem Bruderholz ab, die ich eine Zeitlang besuchte. Ich wurde aber nicht warm damit und trat bald wieder aus (wie oft habe ich das in meinem Leben praktiziert). Als Persönlichkeit schien er mir weniger offen als seine Bücher. Ich wollte mit ihm gern über Traumdeutung diskutieren, aber er wies mich scharf zurecht mit den Worten: «Das Unbewusste interessiert mich nicht, dieses Nebenzimmer lassen wir besser verschlossen.» Am Sonntag besuchte er jeweils den Gottesdienst in der Margarethenkirche. Ich sah die kleine Gruppe den Hügel hinauf zum Kirchlein steigen, vorne der weißhaarige Karl Barth am Arm seiner großgewachsenen Mitarbeiterin und Lebensgefährtin Charlotte von Kirschbaum, einige Schritte dahinter, gramgebeugt wie ein Schatten, seine Ehefrau.

In späteren Jahren war mir neben den Theologen Bonhoeffer und Sölle die Zeitzeugenschaft des Christen und Theologen Kurt Marti mit seinen politischen und gesellschaftlichen Stellungnahmen Stütze und Wegweiser. Sie sind frei von jeder Ideologie, entspringen allein der Wachheit eines Menschen, der sich als Geschöpf Gottes zur Verantwortung gerufen weiß. Besonders schön, dass er daneben auch Poet ist, der die Sinnlichkeit des Lebens preist.

In meiner Therapie war die Beschäftigung mit Träumen zentral, und ich stieg in das Werk C. G. Jungs ein. Ich hatte dazu fast einen persönlichen Bezug, denn Jung ist als kleiner Bub im selben Pfarrhaus aufgewachsen wie ich und hat in seinen Lebenserinnerungen den Garten, der auch «mein Garten» war, lebhaft beschrieben. Sein Vater, Pfarrer in Laufen, war offenbar ein wenig bedeutender Mann, hingegen kannte ich den Großvater, der als Pädagoge das Erbe Pestalozzis weitergeführt hat, aus seinen Lebenserinnerungen.

Um ehrlich zu sein: In den sechziger und siebziger Jahren haben wir in der Sozialarbeit psychologische Werke und auch Methoden geradezu in uns hineingefressen – mit psychologischen Mitteln schien fast alles erreichbar. Nach der politischen Entlarvung der Sozialarbeit als Hilfsdienerin der kapitalistischen Gesellschaft und dementsprechend mit Herrschaftswissen ausgestattet, flüchtete man in die weicheren Felder der humanistischen Psychologie und der Esoterik. Ich habe fast alles, was ich damals an Literatur und methodischen Sachbüchern angeschafft habe, weggeworfen. Mein Wissen und meine innere Haltung erweitert haben vor allem die Werke von Erich Fromm, Erik Erikson und Paolo Freire, des Soziologen Richard Sennett, des Philosophen und Sozialforschers Michel Foucault, alles Autoren, die getragen sind von einer inneren Haltung der Humanität und der Sorge um die Erhaltung der humanen Werte.

Das war die Gegenwelt, die ich brauchte, um die manchmal recht banale Welt des Fürsorgealltags auszuhalten und nicht zu resignieren, wobei ich weniger nur an meine Klientinnen denke als an den ganzen Apparat der behördlichen Bürokratie und der gesetzlichen Verordnungen, die oft Recht vor Gnade stellen. Man braucht Vorbilder wie Tschechow, Chagall oder Charlie Chaplin, der wie vielleicht kein anderer die Würde und die Menschlichkeit von Armen und Rechtlosen in seinen Filmen gefeiert hat, um immer wieder dem Trend des «So ist es halt, da kann man nichts machen» entgegenzuwirken. Wenn ich nach Feierabend in meiner Stube unter dem Margarethenhügel den wundervollen Bildband mit den Werken von Chagall aufschlug, wo bitterste Not im kleinen Judendörfchen Wizebsk mit phantastischen Verheißungen einer besseren Welt (Fiedler auf den Dächern, fliegende Frauen am Himmel) vermischt wird, fühlte ich mich wieder gerüstet für den kommenden Tag. Wenn ich mich in die Werke von Natalia Ginzburg vertiefte und mir ihr Leben vergegenwärtigte, das Leben dieser Frau, deren Mann von den Mussolini-Faschisten verhaftet und im Gefängnis zu Tode gefoltert wurde, während sie mit den Kindern in der Verbannung saß (dort musste man von den Almosen leben, die einem die Bevölkerung zusteckte), und ich lese, dass diese Frau später nicht kapitulierte, sondern als Abgeordnete im italienischen Parlament die Seite der Rechtlosen gestärkt hat, obwohl sie zu Hause ein schwerbehindertes Kind hatte, das sie ihr Leben lang in ihrer Obhut behielt, dann habe ich mir selbst zugenickt, auf den Tisch geklopft und zu mir gesagt: «Nicht nachlassen. Weitermachen!» Man lebt nicht vergebens so wie Natalia (sie hat übrigens gerne gestrickt, wie ich auch!), ihr Sohn Carlo war später ein furchtloser Streiter für Menschen, die zu Unrecht in Italiens Gefängnissen saßen, wie etwa Adriano Sofri.

Ich habe mir im Lauf des Lebens eine Bildung verschafft, die mich leitet und mich hält, herausfordert und wärmt, aber sie entspricht nicht dem üblichen Kanon, das spüre ich auch mitunter schmerzlich. Die Schriftstellerin Maya Beutler, die mich bei der Verfassung meines ersten Romans unterstützt hat, brachte es bei unserer ersten Begegnung auf den Punkt. Ich hatte damals ein Mandat bei der Schweizerischen Krebsliga und lud Frau Beutler ein, aus ihrem Roman *Fuß fassen*, in dem sie ihre Krebserkrankung verarbeitet, vorzulesen. Sie war schon bei den vorangehenden Referaten im Saal, hörte auch einen Beitrag von mir. Anschließend kam sie quer durch den Saal auf mich zu und sagte in ihrer pointierten Art: «Wissen Sie, bei den andern Referaten wusste ich gleich, in welche Fachschublade es zu stecken sei – aber bei Ihnen ist Freigehege!» Dieser Ausdruck beschäftigte mich: Ich sah einen Wildpark vor mir mit mehreren Gehegen, angeschrieben mit «Damhirsche», «Rothirsche» und so weiter, daneben noch eins ohne Anschrift und mit Tieren, die nicht klar zu identifizieren sind. Ich war (und bin) sehr stolz auf das Freigehege von Maya Beutler, aber es ist auch eine bittere Erfahrung, dass alles, was nicht in anerkannte Kategorien eingeteilt und beschriftet werden kann, leicht übersehen oder als nicht wertvoll beurteilt wird.

Während meiner Ausbildung hatten wir kaum je ein ganzes Buch vor Augen, nur Fotokopien von Ausschnitten. Ich konnte damit schlecht lernen, sie schienen mir «obdachlos», ich konnte nicht die Geschichte des Autors, des Buches, des Verlages auffinden. Ich brauche irgendwie die ganz persönliche Berührung mit den Autoren, ihrer Betroffenheit, ihrer Lebens- und Werkgeschichte. Bücher sind Begegnungen mit Autoren, ihrer Denk- und Vorstellungswelt, ihren Irr- und Umwegen, ihrer Botschaft. Zu Autoren, die nur «wegen der Sprache» schreiben, habe ich kaum Zugang. Ich trete ein in einen mir bisher unbekannten Raum, der zum Freiraum für eigenes Denken wird, eine Ausweitung meines eigenen Daseins. Eine Autorin, ein Autor entschlüsselt für mich die Welt, beziffert, enträtselt und erfindet sie neu. Auch wenn ich in einen Widerspruch dazu gerate, regt mich die Lektüre an, meinen eigenen Weg besser zu erkennen und mutiger zu beschreiten. Bücher sind Fenster zu einer noch nicht entdeckten Welt, sie führen hinaus aus der eigenen Enge und hinein in das, was die Welt zusammenhält.

Bücher sind substantiell. Wenn ich an einem Tag nicht vertieft gelesen habe, bin ich in Gefahr, den Boden zu verlieren. Mein Boden ist nicht in den Büchern, aber die Bücher führen mich zu meinem eigenen gewachsenen Boden hin.

Allein

Leise hatte sie die Wohnungstür hinter sich geschlossen. Sie lauschte ins Treppenhaus hinunter und erkannte an dem Geklapper des Essbestecks, dass die unter ihr wohnende Familie beim Mittagessen saß. Ein günstiger Moment, um lautlos die Stufen hinunter zu huschen und aus dem Haus zu wischen. Es gelang, ohne dass sich die Wohnungstür ihrer Nachbarn im ersten Stock geöffnet und eine überfreundliche, ölig-besorgte Stimme sie eingeladen hätte, an ihrem sonntäglichen Autofährtchen in den Schwarzwald teilzunehmen. «Sie tun mir einfach leid – immer so allein ...» Sie wurde also bemerkt, man hatte es mitbekommen, dass sie kaum Kontakte hatte ...

Auf der Straße stach eine gleißende Sonne herab, überall platzten die Knospen des frühen Frühlings auf. Die Matten, die Büsche, die Bäume, alle sangen Frühling ... Und im Park tummelten sich ganze Sippen, auf den Trottoirs spazierten lauter Paare. Alleinstehende wie sie schienen ausgestorben zu sein. Sie war versucht, sich umzudrehen und zu prüfen, ob die Leute ihr nachsahen, war es etwa an ihrem Rücken angeschrieben, dass sie «keinen abbekommen» hatte? Sie drückte ihre Tasche mit dem Buch drin an sich und nahm das Tram: Sie hatte das Spießrutenlaufen endgültig satt. Aber wo war man davor sicher? In den Restaurants saßen in den traulichen Nischen am Fenster immer Paare oder zwei Paare zusammen oder eine ganze Familie, während Alleinstehende an kleinen Tischchen in der Mitte des Saals Platz zu nehmen hatten. Durch die stille Münstergasse strebte sie dem Münster zu, schaute von der Pfalz hinunter auf den Rhein und suchte dann nach einer Nische im dunklen Kreuzgang, den sie stets gerne für eine stille Lesestunde aufsuchte, oft, nachdem sie ihre Übungsstunde auf der Orgel der Martinskirche nebenan beendet hatte. Aber am Sonntag war auch im Kreuzgang zu viel Publikum, begannen sie die Blicke zu stören. Wollte sie mit der Fähre ans andere Ufer des Rheins übersetzen? Sobald sie auf dem Wasser war, sich dem Strom überließ, wurde es ihr immer wohler. Aber neulich hatte sie der Fährimann, mit dem sie sich ein wenig angefreundet hatte, mit schelmischem Augenblinzeln gefragt: «Hänn Sie e Schatz im Glaibasel?» Sie schaute über die Brüstung der Pfalz hinunter: War heute vielleicht sein Stellvertreter am Ruder? Leider nein. Also ab ins Kunstmuseum! Der stattliche Bau empfing sie mit seinem schönen Arkadenhof, und dann lud sie der breite, ausladende Treppenaufgang im Innern ein, zu ihren Bildern zu gelangen. Sie fühlte sich in ihrem Museum daheim, bei den alten Meistern Holbein, Witz und Grünewald, in den oberen Stockwerken beim jungen Picasso, bei George Braque und vor allem bei Chagall. Und dann Dürer! Das war für sie ein Revolutionär. Als Erster hatte er die Tradition, ausschließlich die sakrale Welt zu malen, durchbrochen und sich der natürlichen Welt zugewandt: ein Veilchensträußchen, ein Rasenstück, ein Hase! In dem stillen, klassischen Raum des Kupferstichkabinetts ließ sie sich eine Schachtel mit den berühmten Stichen herausgeben. Der Museumswärter, der stets mit weißen Handschuhen arbeitete, gab ihr genaue Anleitung, wie mit den Stücken umzugehen sei, und ließ sie nicht aus den Augen. Aber später brachte er ihr eine Lupe, seine Skepsis schien zu schwinden. «Schreiben Sie eine Arbeit?», fragte er. «Nein, Dürer gefällt mir einfach», gab sie zur Antwort. Von da an wurde er zutraulicher, zeigte ihr Details, Unterschiede in den Holzschnitten zum Beispiel. Ihr fiel auf, dass Dürer in den Arbeiten über die Heilige Familie Josef fast immer arbeiten ließ: Er spaltete Holz, trug die Scheiter in Körben weg, fegte den Boden.

Kein Abschied vom Kunsthaus ohne vorher einige Minuten bei Konrad Witz, seinem berühmten Meisterwerk *Der heilige*

Christopherus zu sitzen. Heute fiel ihr etwas auf, das sie noch nie gesehen hatte: Christopherus, gebeugt unter der Last des Kindes, überquerte nicht einfach einen tiefen Fluss: Er war ja am Versinken! Seine Knie knickten ein, sein Stock war zerbrochen und sein langer roter Mantel, der hinten ins Wasser hing, hatte sich vollgesogen und zog die Gestalt vor ihm unweigerlich in die Tiefe! Aber sein Blick – und das sah sie heute zum ersten Mal –, klammerte sich an eine Pflanze, die sich am Ufer bolzengerade in die Luft erhob, was für ein Lichtblick, was für eine Hoffnung! Bisher hatte sie stets geglaubt, dass die Kraft des Christuskindes den erschöpften Mann ans Ufer tragen würde, nun ging ihr auf einmal auf, dass es dieser muntere, lebensfroh grüne Stengel war, der die Auferstehungskraft alles Wachsenden symbolisierte.

Zu Hause dachte sie, indem sie ihre Schuhe betrachtete, wieder einmal darüber nach, warum sie so allein war. Sie war in einem Alter, in dem viele andere längst eine Familie gegründet hatten! Aber wenn sie daran dachte, kamen ihr sofort die mühseligen Jahre in der vollgestopften Kinderstube in den Sinn, der Geruch von Grießbrei und Windeln, zwängende Kinder und ewige Rotznasen – und sie schob den Gedanken schnell beiseite. Aber sie fragte sich, ob sie vielleicht ein wenig menschenscheu geworden sei. Ließ sie sich von ihrer Arbeit aufsaugen? Sie fuhr fast jeden Monat einmal übers Wochenende nach Hause, von mehr riet ihr der Psychiater ab, sie unterhielt Kontakte zu einigen Freundinnen, machte mit ihnen Ferien in Sizilien und Griechenland – aber am liebsten war sie eigentlich für sich.

Nur: Sie spürte, wie sie sich in einen Kokon einspann – eine drängende Sehnsucht machte ihr zu schaffen. Gab es nicht nur Menschenscheu, sondern auch Lebensfurcht? Ich will leben, klopfte es in ihr.

Gegen Ende meiner Basler Jahre wurde ich krank. Bisher hatte ich mich selten ins Bett gelegt – ich war bei guter Gesundheit. Aber eine heftige Grippe führte trotz einigen Tagen Bettruhe mehrmals zu Rückfällen, ich war einfach nicht auf dem Damm und dachte daran, einen Arzt aufzusuchen. Eines Nachmittags hatte ich eine Besprechung mit dem Arzt, der zuständig war für die Bewilligung von Beiträgen aus der Bundesfeierspende für erholungsbedürftige minderbemittelte Mütter, ich verwaltete diesen Fonds. Der Arzt, mit welchem ich eine gute Zusammenarbeit pflegte, sah mich und wusste Bescheid. Er schob die Unterlagen beiseite und fragte besorgt nach meinem Gesundheitszustand. Schon mehrmals hatte er mir gegenüber bemerkt, eine Stelle mit so belastenden Klientinnen sollte nicht als Alleinstelle geführt werden. Da laufe man als Leiterin Gefahr, zu viel in sich hineinzufressen, zu wenig Austausch und Entlastung zu haben. Jetzt gab ich ihm gegenüber zu, dass ich unheimlich erschöpft sei, und er meinte spontan: «Wenn Sie weg könnten, was wäre Ihr Traumort?» – «Das Engadin!», antwortete ich sofort und in der Meinung, er mache einen Witz. Aber er meinte es ernst und versprach, sich gleich darum zu kümmern. Meine entsetzten Einwände, es gäbe ja niemanden, der mich vertreten könne, und überhaupt sei das Engadin Mitte Februar ausgebucht, ließ er nicht gelten. Er werde sich zusammen mit meiner Vorsteherin, mit der er in einer Kommission saß, kümmern. «Ich hätte nicht mal die Kraft, jetzt einen Koffer zu packen», wandte ich ein, aber er stand schon bei der Tür, lachte mich an und meinte augenzwinkernd: «Was würden Sie einer erholungsbedürftigen Mutter antworten, die mit solchen Ausflüchten käme?»

Anderntags benachrichtigte mich meine Vorsteherin,

dass der Arzt einen vierwöchigen Erholungsaufenthalt verschrieben und in einem Hotel in Celerina ein Zimmer gebucht habe. Meine Chefin war während der ganzen Frauenvereinsjahre sowohl eine so zurückhaltende wie warmherzig und klug engagierte Begleiterin meiner Arbeit und mir gewesen. Die weißhaarige Dame, die einige Kinder großgezogen und einen ungewöhnlichen Mann durch sein Lebensabenteuer begleitet hatte, reagierte ganz gelassen auf meine Niedergeschlagenheit. «Ich komme jetzt zu Ihnen nach Hause, und dann packen wir miteinander den Koffer, alles andere lassen Sie meine Sorge sein.» Normalerweise hätte ich mir das nie bieten lassen, aber aus Schwäche fügte ich mich. Gleichzeitig spürte ich, dass ich denen, die mir da etwas abnahmen, vertrauen sollte, eine grundlegend neue Erfahrung des Loslassens in meinem Leben, obwohl das ganz entgegen dem Lehrbuch der Sozialarbeit, wonach ein Entscheid nie, aber auch gar nie ohne Einwilligung des Klienten zu fällen sei, gehandelt war ...

Und so erwachte ich also am andern Morgen unter dem tiefblauen Engadiner Himmel. Ich wusste nicht, wie mir geschehen war! In der Gasse vor meinem Fenster war es noch morgendlich still. Die Schneekissen auf den alten Engadiner Häusern waren über die Ränder der Dächer hinausgerutscht. In der Mittagsstunde fing der Schnee von den Dächern zu tropfen an. Ich schaute träge den sich lösenden Tropfen zu und wartete, bis ab und zu ein Stück von der Schneelast abbrach und zu Boden fiel. Ich dachte nichts – nichts, in mir war alles leer. Am Morgen und Nachmittag machte ich jeweils einen Spaziergang auf dem frisch gepfadeten Schneeweg für Fußgänger, geborgen in den Schneemauern zu beiden Seiten. Seitlich war ein Bächlein, auf den Büschen an seinen Rändern bildete sich jede Nacht dicker Reif, tagsüber glitzerten die vereisten Böschungen in der Sonne. Ich atmete tief ein und aus, bildete Dampfwolken in der Kälte – und ließ alles los, was mich beschäftigt hatte. Nach meiner Rückkehr klärte mich der Arzt auf, dass die Pillen, die zu nehmen er mich beauftragt hatte, Psychopharmaka gewesen seien, die mithalfen, dass ich während meines einzigartigen, mich tief regenerierenden Aufenthalts im Engadin nicht ein einziges Mal an meine Praxis dachte.

Die Wirtin des Hauses hatte dem Drängen meines Arztes nachgegeben und mir trotz ausgebuchtem Hotel ein Reservezimmer freigemacht. Dieses lag unmittelbar neben der Gaststube, in welcher es abends und besonders an Wochenenden hoch zu- und herging. Salven von Gelächter, lüpfige Handorgelmusik, Stühlerücken und das Stampfen von Schuhen drangen in mein Zimmer, wo ich mich schlaflos wälzte. Nach dem zweiten Wochenende hatte ich genug und sah mich nach einer andern Unterkunft um, aber das Engadin war rappelvoll.

Am besten gehe ich auch in die Gaststube hinüber, anstatt mich erfolglos zu quälen, entschied ich, aber es kostete mich einige Überwindung, mich unter die Gäste zu mischen, bleichgesichtig und total unsportlich, wie ich war. Man würde mir bestimmt ansehen, dass etwas mit mir nicht in Ordnung war!

Ich setzte mich an den Kachelofen in der Ecke und bestellte ein Glas Tee. Die umsichtige Wirtin klärte die Nächstsitzenden darüber auf, dass ich krank sei und mich erholen müsse. Das Wort «krank» demütigte mich. Es kam bei mir so an, dass es sich nicht um eine Erschöpfung, sondern ein «Nicht-aus-sich-heraus-Können» handle. Was ja stimmte!

Das Leben schien an mir wie außen vorbeigegangen zu sein. Wieso hatte ich nie Sport getrieben, warum konnte ich nicht tanzen? Weshalb trank ich keinen Alkohol? Klar, ich war abstinent aufgewachsen, aber schließlich ging ich jetzt auf die Vierzig zu! Das halbe Leben nur «für andere» gelebt, flüsterte es in mir, und ich spürte, wie Aggression in mir hochstieg.

Am zweiten Abend setzte sich eine ältere, sportlich gekleidete Frau zu mir, eine Deutsche, die vom Engadin zu schwärmen anfing. Sie war Augenärztin und kam jedes Jahr hierher. «Morgen fahre ich auf den Corvatsch», sagte sie. «Haben Sie vielleicht Lust, mich zu begleiten? Wir nehmen die Bahn, und während ich einige Male mit den Skiern hinunterfahre, setzen Sie sich in einen Liegestuhl und genießen die Rundsicht!» Ich war gern damit einverstanden.

Auf der Fahrt zu dem Gipfel begann die Deutsche mir von ihrem Leben zu erzählen. Die muntere, robuste Art der Mittfünfzigerin gefiel mir. Das Leben hatte ihr übel mitgespielt. Als Kind hatte sie das Bombardement von Köln überlebt, dabei beide Eltern verloren. Auch später hatten Schicksalsschläge ihr hart zugesetzt, aber sie hatte ihren Rheinländer Humor nicht verloren, sich mit ihren stämmigen Beinen durchgeschlagen. «Man muss sich eben zu helfen wissen», war das Fazit, das sie unter jede ihrer erzählten Lebensperioden setzte. Ein kleines Beispiel davon erfuhr ich gleich. Ich beklagte, dass es in keinem Hotel Nachttischlampen gebe, die hell genug seien, um genüsslich im Bett zu lesen. Sie nickte lachend und demonstrierte mir ihre Methode: Sie reiste nie ohne ein kleines, leichtes, aber sehr helles Lämpchen, Hämmerchen und Nagel in die Ferien, wo sie dann die Installation ganz ungeniert an der Wand über jedem Bett, in dem sie nächtigte, befestigte!

Ich sollte auch lernen, Nägel einzuschlagen, um das in meinem Leben zu machen, was ich wünschte, echote es in mir ...

Langsam taute ich auf, unternahm dies und das auf eigene Faust. Wie einzigartig war die Welt, wie hatte ich Glück mit diesen vier Wochen Ferien! Noch nie hatte ich so unbeschwert in den Tag hineingelebt wie in diesen Wochen!

Eines Morgens schlenderte ich durch Celerina, sah mir die Schaufensterauslagen an und überprüfte gleichzeitig diskret mein Spiegelbild in der Glasscheibe. Ich gefiel mir nicht! Ohne recht zu wissen, was ich tat, betrat ich einen Coiffeurladen und verlangte einen Kurzhaarschnitt. Ich hatte meine Haare immer lang getragen, in der Kindheit zu Zöpfen geflochten und später recht straff und eng an den Kopf anliegend nach hinten gekämmt und zu einer Rolle eingedreht, was mich recht streng und wahrscheinlich viel älter aussehen ließ. Als ich mich mit der neuen, zärtlichen Lockenfrisur im Hotel im Spiegel betrachtete, verwirrte mich mein völlig verändertes Aussehen. Ich fuhr mit der Hand durch die schönen, fremden Wellen im Haar. Plötzlich musste ich weinen. Was hatte ich alles verpasst im bisherigen Leben – und nun wurde ich schon langsam alt! Ich legte mich ins Bett und schlummerte ein. Als ich erwachte, wollte ich mehr. Ich stand auf, ging ins Dorf und kaufte mir einen Lippenstift – den ersten in meinem Leben.

Ich merkte, dass sich eine neue Seite im Buch des Lebens auftat.

6. Ein Neubeginn

Ich wollte raus aus der kräftezehrenden Praxis, ich wollte überhaupt etwas anderes, aber ich wurde mir nicht schlüssig, was genau.

Ich kündigte meine Stelle beim Basler Frauenverein. Der Abschied von meiner Vorsteherin Marie-Ruth Nabholz fiel mir schwer. Sie hatte mich all die Jahre hindurch mit respektvoller Zurückhaltung begleitet, wie es ihre Position verlangte. Nur einmal, als ich so verwandelt aus Celerina zurückkam, hatte sie ihre förmlichen Grenzen überschritten und mir einen Kuss gegeben. Ich spürte, wie sehr sie mich die ganzen Jahre hindurch mit Anteilnahme und Sympathie begleitet hatte. Ich verdanke dieser intelligenten, bescheidenen Frau, deren Leben leider in einem langen qualvollen Leiden endete, viel.

Ich schloss meine Psychoanalyse ab. Sie hatte sehr lange gedauert, und ich hatte immer wieder gehört, solche langen Therapien würden häufig eine schier unlösbare Abhängigkeit vom Therapeuten bewirken. Nur das nicht, hatte ich immer gedacht. Und dann ging es federleicht!

Ich äußerte in einer der wöchentlichen Stunden wie nebenbei, ich könne mir vorstellen, die Behandlung nicht mehr allzu lange fortzusetzen. Der Arzt stieg sofort auf diese Bemerkung ein und schlug vor, den festen wöchentlichen Rhythmus aufzuheben. Ich solle einfach anrufen, wenn ich kommen wolle.

Die Abendsonne schien golden zwischen den Bäumen,

als ich die Sprechstunde verließ. Wie oft war ich verzweifelt hier erschienen, wie oft hatte ich einen Termin erzwingen wollen während der Übertragung, wie sie in Therapien üblich ist. Es verwirrte mich fast, wie beschwingt ich war nach der problemlosen Lockerung dieser Beziehung!

Es dauerte über zwei Jahre, bis ich mich wieder meldete! Und ich kam nicht meiner Probleme wegen, sondern um zu zeigen, wie gut es mir ging, wie dankbar ich dem Arzt für seine Geduld war! Er gestand mir jetzt, dass er die Therapie selbst einmal fast abgebrochen hätte, weil mein Widerstand gegen Veränderungen zu groß war. Mit meiner Idee, mich durch gemalte Bilder auszudrücken, ging es dann aber rasch vorwärts. Dass sich am Ende die Fäden zwischen dem Arzt und mir so leicht lösten, ist für mich ein Beweis dafür, dass ich von den jahrelangen Depressionen und Störungen wirklich befreit war, aber auch für die menschliche Qualität meines Therapeuten. Er war sicherlich etwas altmodisch, ein jüngerer Kollege hätte dasselbe Resultat vielleicht in kürzerer Zeit erreicht. Aber eben nur vielleicht. Ich brauchte später nie wieder therapeutische Hilfe.

Im Anschluss an meine Zeit in Basel und bis zu meiner Heirat zwölf Jahre später trieb ich mich in den weiten Feldern der Sozialarbeit herum, machte eine Ausbildung in Supervision und eine in Organisationsberatung, absolvierte viele Fortbildungen, steckte überall ein bisschen die Nase hinein, übernahm für einige Jahre die Redaktion des Fachblattes unseres Berufsverbandes, nahm dazwischen eine Halbzeitstelle in der Jugendanwaltschaft Horgen an, engagierte mich mit Vorträgen, Tagungsmitarbeit und schließlich als Vorstandsmitglied in der Reformierten Heimstätte Boldern. Fast nie habe ich mich um etwas beworben, wurde fast immer um Mitarbeit angefragt und für ähnliche Aufgaben weitervermittelt. Mir scheint das typisch für eine Frauenlaufbahn, die nicht entlang festgesteckter Ziele verläuft, sondern motiviert ist von der Freude darüber, gebraucht zu werden und Bestätigung dafür zu bekommen. Zu Reichtum oder Wohlstand gelangt man damit nicht. Eine Anerkennung von offizieller Seite oder gar ernsthafte Förderung meiner Qualitäten habe ich selbst nicht erlebt. Ich glaube, ich galt bei den vorgesetzten Stellen immer als «bunter Vogel», dem es an Bescheinigungen und Abschlüssen mangelt. Es ist mir deshalb fast ein Rätsel, wieso ich immer wieder für ehrenvolle Aufträge angefragt wurde. Heute bin ich Ehrenmitglied unseres Verbands und werde zu den Pionierinnen des Berufs gezählt.

Ich unterhalte wohl eine Art Hassliebe zum organisierten Helfen und den zugehörigen Ausbildungen. Von Anfang an habe ich die problematischen Seiten deutlich wahrgenommen – und mich trotzdem nie von dem Bereich getrennt! Als ich 1976 die Redaktion des Fachblatts unserer Berufsorganisation übernahm, begründete ich diesen Schritt mit der Schieflage im Machtverhältnis zwischen den helfenden Berufen und den häufig recht hilf- und wehrlosen Klienten. Es schien mir sehr wichtig, den Beruf ständig auf dieses Verhältnis hin kritisch zu beobachten. Wurden wir in der Praxis wirklich unseren hohen Idealen gerecht? «Sozialarbeit kann auch schaden», behauptete ich im Vorwort der ersten von mir verantworteten Ausgabe. Die zuständige Blattkommission verlangte, dass ich diesen Passus durch die Formulierung «Man kann nicht immer helfen» ersetze. Das ist aber offenkundig etwas ganz anderes. Entscheidungen innerhalb einer Vormundschaft, einer strafrechtlichen Schutzaufsicht oder auch über die Kinderzuteilung bei einer Scheidung bedeuten schwerwiegende Eingriffe in das Leben von Menschen. Helfen heißt im Zweifelsfall nicht nur: nicht helfen können, sondern auch: das Risiko einer Entscheidung eingehen. Und Risiko heißt eben, dass es auch eine falsche Entscheidung sein kann.

Als Supervisorin und Lehrbeauftragte habe ich stets auf diese sensiblen Punkte geachtet, sowohl was die Persönlichkeitsschulung angeht (im Helferimpuls ist immer auch ein Machtimpuls versteckt) als auch hinsichtlich der Auseinandersetzung mit den gesellschaftlichen Strukturen, in denen die Helfer arbeiten. Sobald Sozialarbeitende das Leiden und die Ohnmachtserfahrung ihrer Klienten erkennen, aber auch deren Stärken furchtlos gelten lassen und fördern, werden sie ihre Macht richtig gebrauchen, deren destruktive Züge analysieren und begrenzen. Es ist kein Zufall, dass eine der ersten Ausgaben der Verbandszeitschrift unter meiner Leitung dem Leiden gewidmet war. Entscheidend ist, dass man Menschen wirklich wahrnimmt als die Menschen, die sie sind, und sie nicht gleich einteilt mit politischen, psychologischen, soziologischen, ethnologischen oder systemtheoretischen Kategorien!

Ich muss mich auch fragen, wie ernst ich meinerseits Theorie und Praxis, Zielvorgaben und Positionen der Sozialarbeit angenommen habe. Einerseits wurde ich von der Zürcher Schule für Sozialarbeit gefragt, ob ich mich zur Supervisorin ausbilden lassen wolle (man hatte damals zu wenig Leute), andererseits wurde ich am Ende der Ausbildung von der Kursleiterin bei der Übergabe des Diploms entlassen mit der Bemerkung, man hätte bezüglich meiner Eignung zahlreiche «offene Fragen». Ich ließ mir das nicht gefallen und gab das Diplom zurück. Daraufhin schickte mir die leitende Person das Diplom kommentarlos mit der Post zu. Ich wollte aber Supervision nicht ausüben ohne die Gewissheit, dafür befähigt zu sein, und absolvierte deshalb auf eigene Kosten eine ganze Lehrsupervision zusätzlich, bei einer außenstehenden Lehrsupervisorin. Sie hieß Diana Briner und war Irin, hochgebildet und von exzellenter Fachkompetenz. Nur: in der Zürcher Schule wurden ihre ausländischen Diplome nicht anerkannt. Bei ihr habe ich wirklich etwas gelernt. Sie erfasste das Wesentliche, das, worauf es in der Arbeit ankommt. Anstatt der Erziehung zur beruflich distanzierten Haltung gegenüber dem Klienten, hielt sie dafür, sich ihm zu nähern, furchtlos sein Leiden, seine Verstrickungen erfahren und aushalten zu wollen, einzugehen auf seine Not, seine Schmerzen, Wünsche und Sehnsüchte. Aber besteht dann nicht die Gefahr der Überidentifikation, der kritiklosen Übernahme seiner Sicht der Dinge? Davor wurden wir in unserer Ausbildung ständig gewarnt. Die Gefahr bestehe, meinte Diana Briner, doch könne ein Zuviel leichter korrigiert werden als eine Verhärtung gegenüber der Not, mit der man es zu tun hat. «Springen Sie ruhig ins Wasser, Sie werden eben nass dabei», ermunterte sie mich lachend. Auf der Seite der Schwachen und Hilflosen zu stehen ist keine theoretische Position, sondern muss durch die eigene Lebenshaltung verkörpert werden.

Diana Briner forderte mich heraus, zeigte mir meine Schwachpunkte und kritisierte mich, förderte aber auch meine Stärken. An der Zürcher Schule herrschte damals das methodische Prinzip der «verbalen Unterstützung», das heißt, man wurde andauernd gelobt, was mir schaurig auf den Wecker ging – ich habe überhaupt eine Art natürliches Misstrauen gegenüber Dogmen und festgefügten

Lehrgrundsätzen. Alle Theorie ist zunächst einmal trocken, weshalb ich das Denken und die Theorie in der Sozialarbeit nicht ablehne, aber soziale Hilfe muss immer ein Dialog sein zwischen dem, der Hilfe braucht, und dem, der Hilfe vermittelt.

Schon in den letzten Jahren beim Basler Frauenverein begann ich meine Lehrtätigkeit in der damaligen Schule für Sozialarbeit Gwatt, später Bern. Meine Kollegin und Freundin Ruth Brack, mit der zusammen ich schon die Grundausbildung in Zürich absolviert hatte, fragte mich, ob ich nicht das Fach Geschichte des Sozialwesens unterrichten wolle. Historiker waren ihr zu praxisfremd für diese Materie, sie kannte meine Vorliebe für Geschichtliches und mutete mir einfach zu, mich einzuarbeiten. Eine gewaltige Herausforderung, aber ich stürzte mich mit Riesenenergie in die Sache! Ich investierte während eines Jahres meine ganzen Ferien in meine Studien, saß im Zürcher Sozialarchiv, im Genossenschaftlichen Seminar von Muttenz, in den Archiven der Heilsarmee und in Institutionen der inneren Mission, studierte die einschlägigen Fachbücher. Es entstand eine große Dokumentation, auf die ich stolz war, und mein Unterricht fand bei den Studierenden Anklang. Aber nach zwei Jahren stellte Gwatt einen vollamtlichen Dozenten der Soziologie an, der sein Pensum füllen musste, und, schwupp!, übernahm er meine Lektionen. Die Schule bedauerte, aber ... So erging es mir auch später: Ich war immer die Vertretung, arbeitete mich immer wieder in neue Gebiete ein, wollte mit großem Interesse Neues erfahren, ohne groß zu fragen, ob der Zahltag dafür stimmt. So habe ich immer gelebt, und wenn ich es mir heute überlege, war es so vermutlich richtig für mein Wesen, entsprach meinem Naturell, auch wenn es Momente der Bitterkeit gibt, weil es so wenig handfeste, auch finanzielle Anerkennung brachte.

Bis heute habe ich mich gern im semiprofessionellen Sozialwesen aufgehalten. Viele Jahre lang habe ich Freiwillige geschult, in Jahreskursen der Berner Volkshochschule und anderswo, und in unzähligen Veröffentlichungen und Vorträgen habe ich mich über die Zusammenarbeit von Professionellen und Laien ausgelassen. Deren Zweckehe ist sehr nützlich und besonders in der Schweiz recht verbreitet – für mich ein Zeichen, dass der Wohlstand in guten Händen ist. Ehrenamtliche Vorstände stellen professionell geschultes Personal ein und umgekehrt: Quartierinitiativen, Jugend- und Selbsthilfegruppen hecken freiwillig Projekte aus, sie brauchen aber ein sicheres Dach, eine Trägerschaft, die sie nach außen vertritt und professionelle Hilfestellung gibt. Politisches oder weltanschauliches Engagement, echte Betroffenheit für eine Sache zeichnen die Freiwilligen aus, Berufserfahrung, Systemwissen, fachspezifische Kenntnisse, Definitions- und Positionsmacht tragen die Professionellen bei. Die Zusammenarbeit ist in der Regel konfliktanfällig: Unsicherheit in der eigenen Rolle, Machtverteilung, unterdrückte eigene Wünsche spielen mit. Professionelle beneiden die Freiwilligen um ihre Frische und Unbekümmertheit, ihre Unabhängigkeit und oft größere Nähe zum Klienten. Dabei spielen die gesellschaftlichen Unterschiede (Geschlecht, berufliche Position, Einkommen, Nationalität) eine viel größere Rolle als man annehmen könnte. Mir gefällt die Arbeit in diesem Feld, weil sie die gesellschaftliche Realität besser spiegelt als eine Institution aus lauter Fachleuten.

Eines Tages wurde ich angefragt, die Nachschulung von Mitarbeiterinnen einer Gesundheitsliga zu übernehmen.

Fest in der Schule für Sozialarbeit, Gwatt: Judith, Rektor Theo Müller, Schulleiterin Ruth Brack, 1970

Nachgeschult werden sollten Frauen aus der Krankenpflege, vereinzelt auch aus anderen Berufen, die Sozialarbeit leisteten, ohne gezielt dafür ausgebildet zu sein. Der Zentralsekretär der Liga hatte beschlossen, nur noch diplomiertes Personal einzustellen, die bisherigen Mitarbeiterinnen aber nicht zu entlassen, sondern nachzuschulen. Er hatte einen meiner Vorträge gehört und war überzeugt, ich sei die richtige Person dafür. Mir leuchtete seine Idee ein, und ich sagte zu. Daraus entwickelte sich eine mehrjährige, sehr gute Zusammenarbeit. Der erste Jahreskurs wurde mehrmals wiederholt, die sogenannten Mattli-Kurse wurden eine Institution. Es ging darum, den meist schon gestandenen, in vielen Bereichen erfahrenen Frauen Berührungsängste vor Fachwissen und die Furcht vor Ungenügen zu nehmen, denn anfänglich weigerten sich viele von ihnen, eine Nachschulung mitzumachen. Nach vielen Jahren, als der letzte Kurs beendet war, gestand mir der

Zentralsekretär, dass er sich am ersten Abend des ersten Kurses sicher gewesen sei, sich in der Wahl der Kursleiterin vollkommen geirrt zu haben. Ich sei an meinem Pult gesessen mit nichts als einem kleinen Zettelchen vor mir – zu Beginn eines Jahreskurses von vier Kurswochen und zusätzlichen Blöcken von Supervision!

Ich hatte mich aber gut vorbereitet – ich wusste, was ich wollte. Getreu meinem Prinzip des «Kennen-Lernens» wollte ich das Programm den Teilnehmerinnen, die jetzt vor mir saßen und skeptische Gesichter machten, nicht einfach verordnen, sondern schrittweise mit ihnen entwickeln. Der Zentralsekretär Bruno Fäh hat mich später noch mehrfach mit Aufträgen beehrt.

Ich habe es eigentlich nicht so mit den Formularen und Listen. Ich erinnere mich an einen späteren Organisations-Entwicklungs-Auftrag. Sämtliche Gemeinden mussten neue Leitbilder für ihre Spitex erstellen. Die Gemeinde, die mich anfragte, war bereits mit zwei OE-Entwicklern gescheitert. Interne Blockaden hatten eine Neuorientierung verhindert. Ich begann mit der Suche nach dem Konfliktherd und wurde, wie häufig, beim schwächsten Glied in der Kette fündig. Diesmal waren es die Hauspflegerinnen. Ich arbeitete monatelang an den Machtkämpfen zwischen den hierarchisch gegliederten Bereichen und den Ressentiments, die sich durch die Ablösung der ehemaligen Laien-Organisation durch eine professionelle Struktur ergeben hatten. Eine Organisationsberaterin muss nicht nur mit der vorgefundenen Situation, sondern auch mit ihrer Genese arbeiten.

Nach Monaten intensiver Arbeit erkundigte sich der Gemeindevorsteher vorsichtig nach den Fortschritten und zeigte sich erstaunt, dass «unser Ordner immer noch leer» sei. Damit meinte er die Dokumentation von Analysen, Bestandsaufnahmen, Zielformulierungen, Organigrammen, also das Vorzeigeprodukt einer Leitbilderstellung. Einige Monate später war der Ordner immer noch leer, ich aber sehr zuversichtlich, dass wir innerhalb der gesetzten Frist die Arbeit beenden würden. Schließlich wurden auch die Mitarbeitenden quengelig. «Die Nachbargemeinde hat schon über fünfzig Seiten», meldeten sie. «Umso besser», meinte ich, «dann können wir einen Teil der Papiere von ihr übernehmen – nicht jede Spitex muss sich von Grund auf neu erfinden, wenn Anpassungen nötig sind.» Schon vor Ablauf des Termins hatten wir unsere Aufgabe gelöst, eine Struktur gefunden, die praktikabel war und von allen, hauptsächlich auch von den bisher stiefmütterlich behandelten unteren Chargen, die sich mit mannigfachen Intrigen dafür gerächt hatten, mitgetragen werden konnte. Den Kostenvoranschlag hatte ich nicht ausgereizt, und die notwendigen Papiere präsentierten sich locker in dem viel zu großen Ordner. Die jahrelangen Probleme dieser Spitex, welche allen Betroffenen einen überflüssigen chronischen Kräfteverschleiß abgefordert hatte, waren behoben – und nicht nur für den Moment, wie mir Mitarbeitende bis heute bestätigen. Das Problem kennenlernen, die Hintergründe dazu berücksichtigen, von unten her angehen, Tabus aufbrechen, auf formale Präsentation nicht zu viel Wert legen, stabile Strukturen herstellen und das gegenseitige Vertrauen, die Wertschätzung untereinander stärken: an solchen Aufgaben arbeitete ich gern. Eine gute Organisation, ein gutes Miteinander der Angestellten und Vorgesetzten bringt eine Steigerung der Resultate, spart Geld und macht die Menschen, welche einen guten Teil des Tages dafür einsetzen, glücklicher!

Was wir in uns unterdrücken, können wir
in andern nicht wecken

Endlich herrschte Stille im Haus. Bis um halb zwei Uhr morgens hatten die Gespräche gedauert in den Zimmern, begleitet von Gekicher, aber auch von empörten Ausbrüchen, von unterdrücktem Weinen und den Trostworten anderer. Ganze Berge von Gefühlsablagerungen waren abgetragen worden, von Bett zu Bett, nach der letzten offiziellen Gute-Nacht-Runde im Wochenende des Laienhelferkurses am Thunersee.

Die Leiterin lauschte in die Nacht hinaus. Müde piepste ein Blesshuhn am Seeufer, im Föhrenwald rief ein Käuzchen. Mit fast sechzig freiwilligen Helferinnen hatte sie heute gearbeitet, über ihr Kardinalthema «Helfen und Macht», aber in den Pausen waren immer wieder die privaten Sorgen, Wünsche und Sehnsüchte der Frauen hochgespült worden. Die Helferinnen waren vorwiegend Mütter, deren Kinder nun auszogen und ein leeres Haus zurückließen, aber auch jüngere Mamis, die den Wiedereinstieg in ihren geliebten Beruf neben ihren Pflichten zu Hause versuchen wollten.

Für manche Teilnehmerinnen war es schon aufregend neu, ein Wochenende ohne Familie zu sein, und sie schöpften die Pausen bis zur letzten Minute aus. Die Schleusen öffneten sich, und manche Mutter kam für eine kurze Weile dazu, über ihr eigenes Leben nachzudenken.

Beim Mittagessen hatte es einen Zwischenfall gegeben. Eine Teilnehmerin war ans Telefon gerufen worden, und ihr Mann hatte ihr mitgeteilt, die kleine Christine habe fast vierzig Grad Fieber. Weinend kam sie an den Tisch zurück und rief, sie müsse sofort heim. Sogleich entstand helle Aufregung, eine Traube von andern Müttern beugte sich über die Unglückliche: «Du musst das nicht so tragisch nehmen, kleine Kinder haben schnell mal hohes Fieber, jetzt warte doch ab, nur keine Schuldgefühle!» Zwei Frauen flüsterten einander zu: «So ein Dummkopf, typisch Mann, völlig unselbständig, sobald etwas passiert, muss das Mami her ...» Alle Beschwichtigungen halfen nichts. Die Teilnehmerin eilte aufs Zimmer, packte ihre Sachen und reiste Hals über Kopf ab. Die Gruppe war aufgewühlt, beim Kaffee wurde über nichts anderes gesprochen. «Anstatt erst einmal den Arzt anzurufen, macht sie sich gleich Vorwürfe und fährt heim», meinten einige, während am Nebentisch andere halblaut mauschelten: «Solange die Kinder so klein sind, sollte eine Mutter halt schon zu Hause bleiben.»

Es war nicht nur dieser Zwischenfall, die Frage stand ohnehin im Raum: Was darf eine verheiratete Frau, ohne Achtung zu verlieren, wie weit darf sie gehen, wie viel Freiraum neben der Familie verlangen, vielleicht sogar ohne ihren Mann um Erlaubnis zu bitten? Eine machte sich mit aggressiven Tönen Luft: «Nur damit ihr es wisst: Im Grunde würde ich lieber etwas anderes machen als gratis zu helfen, ich habe schließlich lange meinen Schwiegervater gepflegt, und jetzt muss ich jede Woche zweimal zu meiner Mutter ins Pflegeheim, und jedes Mal sagt sie: ‹Du bist schon lange nicht mehr hier gewesen!› Am liebsten würde ich Kunstgeschichte studieren oder anfangen zu malen, aber das gäbe einen Skandal in der Familie, so ein sozialer Kurs wie hier, das wird gerade noch geduldet!» Das ging der Leiterin nochmals durch den Kopf, als es plötzlich zwei Uhr schlug. «Ich sollte schlafen, morgen ist ein strenger Tag», murmelte sie. Aber sie war hellwach. Sie knipste das Licht an und überflog das Unterrichtsprogramm für den kommenden Tag: «Sich einfühlen – Verbalisieren von Gefühlen». Ging das mit Frauen, die so voller eigener Gefühlskämpfe waren? Klar, das war auch bei Berufshelfern so, nur wussten die sich vielleicht besser zu beherrschen. Sie stand auf und wanderte erregt im Zimmer auf und ab. Schließlich griff sie zum Stift und strich das vorbereitete Programm durch. Nur noch wenige Stunden bis zum Kurs. Als der Morgen graute, spazierte sie ins nahe Wäldchen auf dem gewohnten Pfad, wo sie schon häufiger etwas ausgebrütet hatte in Kursen, in denen es nicht so lief, wie sie es sich vorgestellt hatte.

Am Ende des zweiten Kurstages hatten ihre Teilnehmerinnen mit Sicherheit eins begriffen: Man kann nicht aus anderen etwas herausholen, was man bei sich selbst krampfhaft unten behält. In kleinen Runden hatten sie am See gesessen, hatten Steinchen ins Wasser geworfen und die Ringe beobachtet, sie hatten einander gestanden, was alles gar nicht nach ihren Bedürfnissen lief – und was sich ändern ließe. Sie haderten mit den festgefügten Geschlechterrollen, die sie sich aber auch nicht radikal herauszufordern trauten, denn das wäre mit Angst und Schuldgefühlen verbunden.

«Ich will doch keine Emanze werden», meinte eine. «Aber wir haben auch das Recht, uns selbst zu verwirklichen», antwortete eine andere.

Nach dem Mittagessen läutete sie eine weitere Runde ein: «Wie schätzt ihr eure Intelligenz ein?» Sie lachten und hielten die Hand vor den Mund, erinnerten sich an ihre Schulnoten. «Ich meine», fuhr die Leiterin fort, «freiwillige soziale Hilfe ist etwas sehr Wichtiges und Anspruchsvolles, man braucht dazu auch Intelligenz – und ich will euch nicht abbringen davon, bei der Arbeit weiterzudenken, an die gesellschaftlichen Verhältnisse zum Beispiel, die Frauen immer noch davon abhalten, das zu tun, wozu sie geeignet wären, die Mitarbeit in einer Partei, die Tätigkeit in einer Schul- oder Kirchenpflege. Wir haben nun ja seit einigen Jahren das Stimmrecht ... Oder vielleicht kommt jemand mit, wenn ich das nächste Mal an eine Demo für Frauenrechte gehe?» – «Sie? Sie gehen an eine Demo?», riefen einige verwundert. «Wie eine Rote?» Andere waren sehr neugierig, Näheres zu erfahren. Sie nannte ihnen einige Titel feministischer Literatur und empfahl deren Lektüre.

Als sie ihre Tasche packte und sich auf den Heimweg machte, lächelte sie vergnügt. «Was wir in uns unterdrücken, geben wir auch nicht weiter» – das war heute ein wichtiger Satz gewesen. Die Wiese vor der Bushaltestelle war gelb von blühendem Löwenzahn. «Der Satz gilt auch für mich», stellte sie laut fest.

7. Übergänge

Zu Beginn der siebziger Jahre erlebte ich einen Coup de foudre, ein Liebesabenteuer, das mich nach über zwanzig Jahren des Alleinlebens und der Abstinenz in eine massive Klemme versetzte. Vor allem aber bescherte es mir eine große, unbewusst ersehnte Ausweitung meines Lebens. Dabei hatte ich zuerst geglaubt, diese Geschichte würde mich ins Unglück stürzen und alles, was ich mir im Leben aufgebaut hatte, vernichten. Fast immer sind es von mir zunächst heftig abgelehnte Dinge, die mir schließlich einen Richtungswechsel bringen! Wenn ich mit glühendem Eifer gegen etwas anrenne, ist das nicht selten ein Zeichen dafür, dass hinter meiner Ablehnung etwas anderes steht, nämlich: Im Grunde will ich es, ich habe nur Angst davor.

Auf den in der ganzen Schweiz verschrienen Kommunisten Konrad Farner hatte ich weiß Gott nicht gewartet. Ich hatte einen Vortrag von ihm besucht, um leidenschaftlich seine Thesen zu bekämpfen. Das Gegenteil kam dabei heraus. Nach Abschluss der Diskussion kam er durch den Saal auf mich zu und ließ mich trotz meiner heftigen Gegenwehr wochenlang fast nicht mehr aus den Augen.

War das nun der klassische Verführer – Farner war als Frauenheld bekannt –, der sich unter dem Vorwand eines christlich-marxistischen Dialogs an eine um dreißig Jahre jüngere Frau heranmachte? Von außen mag es so ausgesehen haben. Für mich war es eine Attacke, die ins Innerste traf. Für mich war auch sofort klar, dass hier einer war, dem es genau wie mir um die soziale Dimension des Menschen ging. Ein aufrichtig Suchender und zudem ein liebevoller Mensch.

Vertraute von Farner, zum Beispiel die Theologin Dorothee Sölle, haben vermutet, dass der Marxist und frühere Stalinist, der auch Theologie studiert hatte, ein heimlicher Christ sei. Er hatte sich zeitlebens in Schriften und Vorträgen mit verschiedenen Facetten des Christentums befasst und trat gegen Ende seines Lebens in Klöstern und christlichen Bildungshäusern auf, wo er sich über die Kluft von Evangelium und der realen Praxis der Bürgerlichen mit Eloquenz und einer stupenden Bildung ausließ.

Mir gegenüber hat Farner stets beteuert, dass er Gott nie getroffen habe und vollkommen ungläubig sei. Im Luzernischen aufgewachsen, hatte er aber von Kind auf eine tiefe Sympathie zu den vielen barocken Kapellen der Gegend, und wir besuchten einige davon – das Konkrete an einer naiven Gottesbeziehung gefiel ihm. Im Übrigen hatte er es vor allem mit den Armenorden und den Häretikern der Kirche. Das war für mich vor der Begegnung mit ihm ein ziemlich unbekanntes Gebiet. Ich las sein Buch *Theologie des Kommunismus*, worin er Parallelen in Bezug auf «Die Große Hoffnung», die Geschichte der Utopie, des Paradieses, der Reich-Gottes-Erwartung und des Kommunismus aufzeigt und die Umsetzung im Urchristentum von Joachim Fiore bis zu Blumhardt, Ragaz, Wilhelm Weitling erzählt. Farner war ein Suchender, kein Vereinnahmer, ein Fragender und Kritiker, auch was Marxismus und Kommunismus in Theorie und Praxis angeht. Aus der Partei war er längst ausgetreten. Als Kunsthistoriker wusste er politische Entwicklungen auch in der Geschichte der Malerei und Bildhauerei aufzuzeigen. Mit ihm durch eine

Ausstellung, zum Beispiel von Ferdinand Hodler, zu gehen, war ein echtes Erlebnis.

Während seiner drei letzten Lebensjahre, in denen ich Konrad Farner begleitete, lernte ich die Welt und mich selbst neu sehen. Vor allem blätterte meiner christlichen Moral der Lack ab. «Verlogen ist das alles!», rief ich nun, wenn es um die Regeln einer wohlanständigen christlichen Lebensführung ging, in der Ordnung und Sauberkeit, Pünktlichkeit und Disziplin, vor allem aber Gehorsam an den ersten Stellen standen. Hat jemand schon einen verwahrlosten Menschen, schmutzig und nach Alkohol riechend, in einer Kirchenbank neben sauber gescheitelten und perfekt und reinlich gekleideten Personen sitzen sehen? Was für Kämpfe gab es in meiner Praxis, wenn ich innerhalb der Kirche Platz für Randständige, sich dem Staat widersetzende und gelegentlich die Fäuste erhebende Tunichtgute suchte! (Obgleich es letzten Endes fast immer Menschen am Rand der Kirche waren und sind, die sich dieser Leuten annehmen.) Aber war nicht auch ich selber stets den Maßstäben eines korrekten protestantischen Lebens gefolgt? Keinerlei Ausschweifung hatte ich mir je gestattet. Schon in meiner Ausbildung an der Zürcher Schule für Sozialarbeit hatte etwa die sexuelle Energie im menschlichen Leben kaum eine Rolle gespielt. Zwar wurde im Rahmen der «Hygiene» der Zürcher Armenarzt Fritz Brupacher genannt, der sich vehement für bezahlbare Verhütungsmittel beim Subproletariat und für die Entkriminalisierung von Abtreibungen einsetzte – und nicht zuletzt für das Recht der Frau auf ihre eigene Lust. Aber immer wurde dazu einschränkend festgestellt, dass Brupacher und seine Anhänger Sozialisten, schlimmer noch, Kommunisten seien, also nur halb ernst zu nehmen. Man macht sich keine Vorstellung mehr, was für ein Feindbild der Kommunismus in den Jahrzehnten des Kalten Krieges in der Schweiz war!

Und da war also dieser Konrad Farner, der zwar europaweit als Intellektueller geachtet wurde, der aber nach der Niederschlagung des Ungarnaufstands 1956 regelrecht geächtet und durch massive Schikanen samt seiner Familie aus seinem Wohnort Thalwil vertrieben worden war.

Farner verblüffte mit seiner Dialogbereitschaft, seinem dialektischen Denken, seiner vielleicht auch durchs Alter gereiften Versöhnlichkeit. Seine Menschenfreundlichkeit, sein Prinzip der Liebe, über das er oft sprach, durchbrach wie ein Sonnenstrahl meine puritanische Lebenseinstellung. Reichtum und Fülle hielt er nicht für an sich schlecht, genauso wenig wie alle materiellen und sinnlichen Freuden des Lebens. Er verurteilte nur die Machtstrukturen, welche diese Freuden einem Teil der Menschen verboten. Ich staunte! Man durfte also genießen, man durfte ohne schlechtes Gewissen ein gutes Leben haben!

Mit Farner bin ich meinem festen Vorsatz, mir nie einen «Fehltritt» zu erlauben, ganz besonders nicht mit einem verheirateten Mann, untreu geworden. Ich geriet gegenüber seiner geduldigen Werbung in wahnsinnige Gewissenskonflikte: War es nun christlich, sich ihm weiterhin beharrlich zu verweigern, oder würde es sogar dem Evangelium entsprechen, unsere überraschende Gemeinschaft mit ganzer Hingabe, auch körperlicher Art, zu leben? Die Anerkennung einer sich verschenkenden, riskanten Liebe, vorbei an der landläufigen Moral, war schließlich eine wahre Revolution für mich. Ich habe sie mit vollem Bewusstsein und in voller Freiheit angenommen. Den Schwur am Traualtar halte ich wie so vieles im Christentum für

Liebe tötend, auch wenn ich, seitdem ich meinen Mann Sergio kenne, nie das Bedürfnis nach einer sogenannten Außenbeziehung hatte. Wenn Sergio und ich bis heute immer wieder gefragt werden, wieso wir immer noch so verliebt seien ineinander, lautet unsere scherzhafte Antwort: «Wir sind einander treu – nicht, weil es sich so gehört, sondern weil wir es nach jedem Streit von Neuem so wollen.»

Kurt Marti, der von Richard Dindo zusammen mit Farner in einem viel beachteten Porträt zum Thema «Christlich-marxistischer Dialog» gefilmt wurde, schrieb nach dem Tod Farners 1974 in *Notizen und Details*:

«Farner war zu vital, zu frei, um asketischer Puritaner oder intellektueller Neurotiker zu werden. Er liebte das Leben, die Schönheit, die Freude, die Frauen. Das machte ihn herzlich, fair, humorvoll und aufgeschlossen. Mir wurde jedes Mal wohl in seiner Gegenwart, wohler als in Gegenwart vieler Mitchristen ... Farner war ein Mann, in dessen Leben Theorie und Praxis sich deckten, der das lebte, was er glaubte, der deshalb der Solidarität und Liebe fähig war so gut wie des Kampfes (den er nie zu seinem eigenen Vorteil aufnahm und führte, ganz im Gegenteil), der die christlichen Tugenden der Aufrichtigkeit, der Uneigennützigkeit, der Freude, der Leidensfähigkeit, der Liebe und Solidarität vor allem, als Atheist konsequenter praktiziert hat als viele Christen. Sein Stichwort lautete «Die Große Hoffnung». Um ihretwillen hat er gelebt, gelitten, gewirkt. Dabei hat er die Möglichkeit keinesfalls übersehen, dass die Menschheit auf eine Katastrophe zutreiben könnte. Die Hoffnung hatte ihn nicht realitätsblind gemacht. Doch hielt er es nicht für seine Aufgabe, Unheilsprophet oder Kassandra zu sein. Der Entmutigung setzte er Rosa Luxemburgs «Trotz alledem!» entgegen, einen irrationalen eschatologischen Trotz also, den Christen aus ihrem Gottesglauben schöpfen, er aus seinem Glauben an die Humanisierungskraft des geschichtlichen Prozesses.« Durch Farner wurde mir bewusst, was ich schon lange gespürt hatte: Dem Kirchenbetrieb fehlt vor allem die warmherzige Liebe, das herzliche Verstehen, echte Nachbarschaft mit Andersartigen, vor allem mit Gestrauchelten, und diese Dinge entschlossen zu verteidigen in einer Gesellschaft, die in erster Linie die Interessen der Wohlhabenden und Korrekten schützt. Zu groß ist die Angst davor, schuldig zu werden, zu viel Rechthaberei herrscht im Glauben.

Für mich selbst erkannte ich, dass ich mich immer wieder den Anordnungen einer bürgerlichen Gesellschaft unterworfen hatte, welche die Rechte meiner Schutzbefohlenen missachtete. Ich hatte die volle Hingabe an das, wofür ich eigentlich leben wollte, geopfert.

Ausgerechnet ein Marxist hat mir die Augen für die Menschlichkeit geöffnet, obwohl er selbst natürlich ebenfalls schuldig war – dessen, während zu langer Zeit blind für die menschenverachtenden Verbrechen in vielen kommunistischen Ländern gewesen zu sein.

Verschiedentlich trat ich mit Konrad Farner auch an Schulen für Sozialarbeit auf, wo ich ihn in mein Konzept der Geschichte des Sozialwesens einbaute, zum Beispiel bei den Armutsbekämpfungskonzepten der Frühsozialisten, der Religiös-Sozialen und der pietistisch geprägten Geschichte der Innern Mission. Dabei kam es an der Luzerner Schule für Sozialarbeit zu einem lustigen Zwischenfall, den ich gern erzähle, um zu zeigen, was für ein Feindbild der Kommunismus damals war.

Die Studierenden hatten sich eine Begegnung mit Farner gewünscht, und dieser war gern bereit, nach Luzern zu kommen. Die Schulleitung der katholisch geprägten Schule machte jedoch zur Bedingung, dass ein Theologe bei unserem Unterrichtsgespräch dabei sei, und schlug dafür den Leiter der Paulus-Akademie Zürich vor, Dr. Max Keller. Schmunzelnd waren Farner und ich mit diesem «Anstandswauwau» einverstanden, verschwiegen dabei aber, dass wir beide seit langem mit Keller befreundet waren, der in Zürich eine fortschrittliche Theologie vertrat und sich mit bemerkenswertem Mut für die Rechte von Behinderten, Ausländern und, zusammen mit seiner Frau Brigitte, für die Frauenemanzipation einsetzte.

Es machte uns großen Spaß, zu dritt am Hitzliberg in Luzern aufzukreuzen. Aber was für eine Überraschung für uns und die Studierenden (die sich darüber sehr ärgerten!), als dort in der ersten Reihe die sonntäglich gekleidete Schulleitung Platz genommen hatte! Sie wollten mit eigenen Ohren und Augen mitverfolgen, was hier geschah. Natürlich lief alles glimpflich ab, wir drei waren ja nicht um der Provokation willen gekommen! Später nahm Farner auch an anderen Schulen an einzelnen Lektionen meines Unterrichtes teil.

Nach Farners Tod 1974 lebte ich weiterhin allein in meiner Anderthalb-Zimmer-Wohnung am Hang von Kilchberg, wohin ich von Basel gezogen war. Es war eine Kellerwohnung mit direktem Ausgang in den Garten und mit Sicht auf einen kleinen Ausschnitt des Zürichsees. Ich war Supervisorin und Dozentin an der Zürcher Schule für Sozialarbeit und hatte wieder das Bedürfnis, mich im Leben neu zu verorten.

Und warum? Ich genoss meine Freiheit und verdiente nicht schlecht. Aber ich war immer noch ledig – war mir das recht? Die Gefühle bei dieser Frage waren zu diffus,

In Kilchberg, 1979

um sie klar zu beantworten. Da erreichte mich eine Anfrage aus Boldern. An einer Tagung für ledige Frauen sollte ich den Eröffnungsvortrag halten. Und damit begann ein Zwischenschritt, der das nächste Kapitel in meinem Leben vorbereiten half: die Auseinandersetzung mit meinem Ledigsein!

In der Schweiz war für 1977 das Jahr der Frau ausgerufen worden. Thomas Held hatte im Auftrag der Eidgenossenschaft einen umfassenden Bericht über die Situation der Frauen in unserem Land erstellt, der sehr viele Diskussionen auslöste. Nachdem 1971 die Frauen das Stimmrecht erhalten hatten, war ein neues Familien- und Eherecht in Vorbereitung, das den Frauen größere Freiheit und Selbstbestimmung sowie die endgültige Verabschiedung ihrer patriarchalen Bevormundung durch den Mann in Aussicht stellte.

Die wohl stärkste Frucht der Achtundsechziger-Bewegung war die mächtige feministische Bewegung, die eine neue Frauenidentität herausarbeitete, der Frau ein spezielles Denk- und Arbeitsvermögen und eine andere Art des Politisierens zugestand und sich bewusst von der Mentalität der Männer unterscheiden wollte. Es entstand eine spezielle Frauenliteratur, ja ganze Buchreihen wurden unter dem Titel «Für die Frau» veröffentlicht, es wurden Frauenbuchläden eröffnet, die bis auf wenige Ausnahmen heute alle eingegangen sind. Frauen hatten das Bedürfnis, unter sich zusammenzukommen und ihr politisches und privates Selbstbild ohne die Männer zu diskutieren, einen eigenen Lebensentwurf zu finden. Frau wollte auf eigenen Füßen stehen. Überall fanden Wiedereinstiegskurse für Mütter statt, die nach der Kinderphase in den Beruf zurückkehren und wieder über eigenes Geld verfügen wollten. Die neue «Frauenbefreiungsbewegung» (FBB) gründete Beratungsstellen (INFRA) für Geschlechtsgenossinnen, die im Beruf diskriminierte oder in der Medizin falsch behandelte oder gedemütigte Frauen (Gynäkologie!) persönlich oder juristisch berieten. Die ersten Frauenhäuser entstanden. Ohne sie, die leider heute ebenfalls am Verschwinden sind, müssen viele Frauen in quälenden Ehe- und Familiensituationen ausharren aus Angst vor Gewaltakten ihrer Männer. Auch in der Kirche gab es einen Aufbruch. Die feministische Theologie eröffnete Frauen Bibellektüren von und mit weiblicher Identität. Bisher patriarchal gedeutete Texte und unterschlagene Stellen wurden aus neuer Perspektive interpretiert. Man konnte das «Unser Vater» nach dem Vorschlag von Kurt Marti auch mit «Unser Vater, der du auch unsere Mutter bist» beginnen! Dieser gewaltige gesellschaftliche Umbruch mit der Neuformulierung der Geschlechterrollen verunsicherte Frauen wie Männer. Die geschlechtsbezogene Identität ist eine der Säulen unseres Selbstvertrauens.

In den Siebzigern arbeitete ich oft in Frauengruppen, geleitet von Marga Bührig, damals Leiterin von Boldern, und ihrer Freundin Else Kähler. An einem der Abende ging es um den Begriff «Partnerschaft» von Mann und Frau, gefordert als Ablösung der bisher kirchlich verordneten Unterordnung der Frau. Boldern ging es stets darum, in der feministischen Bewegung die Männer nicht zu diskriminieren, sondern sie einzubeziehen. Männer und Frauen versammelten sich an diesem Abend zuerst getrennt. Schon das war neu und aufregend! Bei den Frauen ging sogleich erregtes Diskutieren los, die Ergebnisse wollte man anschließend im gemeinsamen Gespräch mit den Männern austauschen. Etwa eine Viertelstunde später klopften die Männer verzagt bei der Frauenseite an und meldeten, es komme bei ihnen keine Diskussion zustande. Männer seien es nicht gewöhnt, über private Dinge miteinander zu reden, zum Beispiel über Beziehungsprobleme mit Frauen, Fragen der Kindererziehung oder der Rollenaufteilung im Haushalt. Männer redeten über Militär, Politik, Sport und Beruf. Da standen sie nun im Türrahmen unseres Frauenzimmers und fragten, ob sie hereinkommen dürften!

Es war alles neu, alles aufregend und verheißungsvoll – und wenn es auch gegenwärtig um die feministische Bewegung still geworden ist und zentrale Forderungen wie die Lohngleichheit noch immer nicht erfüllt sind, die Gleichstellung hat dennoch einen langen Weg zurückgelegt – und zwar auch zugunsten der Männer, die ihr einengendes Männerideal auszuweiten beginnen. Die gegenwärtige Umbruchsituation in den arabischen Ländern ist zweifellos beeinflusst von der feministischen Revolution im Westen – und über jedes Zeichen der Befreiung aus demütigender Unmündigkeit, sei es nun verschleiert oder anderswie, bin ich glücklich.

In diesen Jahren des Frauenaufbruchs wurde ich von Else Kähler angefragt, ob ich an einer von ihr organisierten Tagung für unverheiratete Frauen ein Referat über das Ledigsein halten wolle. Das war eine Herausforderung, denn das Thema entsprach ja meinem eigenen Zivilstand, über den ich trotz meiner nun fünfundvierzig Jahre noch nie ergiebig nachgedacht hatte. Mein Referat vor einem vollen Saal unverheirateter Frauen trug den Titel «Was mache ich aus meiner Unabhängigkeit?» und schloss mit «Ich versuche, mich zu lieben.» Dazwischen war ein Weg, der zur Akzeptanz der eigenen Situation führte, diesem Zivilstand, der damals sehr tabubesetzt war und strenggenommen noch ist. Im schon genannten Frauenbericht von Held war die Lage der verheirateten, geschiedenen und verwitweten Frauen eingehend beleuchtet worden, über die ledigen Frauen fanden sich jedoch nur ein paar Zeilen. Das hatte zu Aufruhr unter ledigen Frauen geführt. Sie traten aus dem Schatten und gründeten die Arbeitsgemeinschaft für ledige Frauen (AUF), deren Mitglied ich auch bald wurde. Sie spürten Benachteiligungen im Steuerrecht auf, bestanden auf der Anrede «Frau» statt «Fräulein», geißelten die Unsitte, dass alleinstehenden Frauen in Restaurants und an Veranstaltungen gerne unattraktive Plätze zugewiesen wurden, während sie doch ebenso Anrecht auf einen Fensterplatz hatten wie die ihnen oft langweilig vorkommenden Ehepaare, welche sich einen ganzen Abend lang anschwiegen.

Während in der AUF Akademikerinnen und Künstlerinnen tonangebend waren, saßen im Boldernsaal vorwiegend Angehörige des mittleren Kaders: Krankenschwestern, Lehrerinnen, Sozialarbeiterinnen, Laborantinnen und Sekretärinnen. Diese Frauen, welche ihre ganze Arbeitskraft in den Beruf investierten und daneben oft für alte Eltern oder andere hilfsbedürftige Verwandte sorgten, erhielten nur Frauenlöhne und wurden von Arbeitgebern bei Lohnforderungen gerne abgewiesen mit der Bemerkung, sie müssten ja für keine Familie sorgen. In mancher Chefetage eines Betriebs, in vielen Vorzimmern von Ärzten und Anwälten, auf mancher Abteilung eines Krankenhauses waren es aber oft die langjährigen ledigen weiblichen Mitarbeiterinnen, die sich mit dem Betrieb identifizierten, seine Seele ausmachten, Stützen ihres Chefs waren, als «Ungebundene» ihre Dienstzeiten mit verheirateten Kolleginnen tauschten und willig übers Wochenende Akten mit nach Hause nahmen. In den Gruppenarbeiten auf Boldern vernahm ich aber auch, dass inzwischen der menschliche Gewinn dieser Arbeiterinnen, der nicht zuletzt durch Verbundenheit mit dem Chef oder der Abteilung bestanden hatte, durch die Technisierung der Arbeit anonymer geworden war. Sie fühlten sich als Mensch abgewertet. Ich habe eine intelligente Sekretärin mit einem pfiffigen Gesicht und einem kecken grünen Hütlein in Erinnerung, die

Fernsehsendung «Lieber ledig als unverheiratet», DRS, 1979

mir in der Pause erzählte, wie hoffnungslos grau der Alltag im Krankenhaus für die Fünfundfünfzigjährige geworden sei. War sie früher jeden Morgen mit ihrem Stenoblock vor ihrem Chef gesessen, wobei neben dem Diktat von beiden Seiten her auch Persönliches ausgetauscht wurde, auch die Kranken dahinter ein Gesicht bekamen, hatte das Spital nun umstrukturiert. In langen Reihen saß sie mit ihren Kolleginnen in einem Großraumbüro. Jeden Morgen wurden ihr die Folien mit den ärztlichen Diktaten ausgehändigt, sie bekam häufig die «Absender» nie zu Gesicht. Der Antrieb für ihre Arbeit war erloschen, sie war ein Rädchen im Betrieb, das täglich soundso viele abgetippte Seiten auszuspucken hatte. Der Frau war elend zumute. «Wie viele Jahre noch», stöhnte sie.

Ich forderte in meinem Referat die Frauen (und mich) dazu auf, eine falsche Scham übers Ledigsein abzulegen und selbstbewusst in allen Bereichen des Lebens zu fordern, was ihr Recht war. Ich hatte Erfolg, das Referat wurde 1978 in der Zeitschrift *Schritte ins Offene* abgedruckt, und ich konnte es noch an vielen weiteren Veranstaltungen halten, sogar über die Landesgrenze hinaus. War es für mich auf Boldern noch leicht, zu meinem Ledigsein zu stehen, fiel es mir im gleichen Vortrag vor der Frauenzentrale schon schwerer. Vor meinem Auge sah ich lauter bestsituierte verheiratete Matronen in gefältelten Seidenkleidern, die Krokotasche auf dem Schoß. Mit einer Mischung aus Mitleid und Neid verfolgten sie interessiert, wie es sich so lebt, ohne jeden Mittag um punkt zwölf das Mittagessen auf dem Tisch haben zu müssen, aber auch, allein die Ferien zu verbringen und auf einem Amt seine Rechtsansprüche ganz allein durchzusetzen. Es war wieder einmal die Situation von Mehrheit und Minderheit, in der ich da zu bestehen hatte – und das tat mir gut.

Ich machte auch mit an einer Fernsehsendung über das Thema. Wir wurden zu dritt als ledige Frauen interviewt (wie üblich in meinen Auftritten war ich die einzige Nichtakademikerin). Befragt nach dem Grund unseres Ledigseins antwortete die erste, sie verstehe ihren Beruf – sie war evangelische Theologin – als Berufung, daneben habe eine Familie keinen Platz, die zweite gab an, dass ihre große Liebschaft am Tod ihres Freundes zerbrochen sei und sie daraufhin beschlossen habe, ledig zu bleiben. Ich gab mir Mühe, nicht verzagt zu wirken, als ich sagte, dass ich unfreiwillig ledig sei, es lieber anders gehabt hätte. Mir zitterten schon ein wenig die Knie bei diesem Satz, aber ich dachte, dass ich doch die ledigen Frauen aus ihrem Schatten holen wollte, und ich durfte annehmen, dass es einer Vielzahl von ihnen so ging wie mir. Die Talkshow zur Hauptsendezeit stand unter Strom, die Moderatorin war äußerst aufgeregt, und zweimal wurde uns signalisiert, dass die Zuschauerquote sinke, wir sollten mehr Action bringen. Es gab ein Zuschauertelefon, und wir wurden bombardiert mit indiskreten Fragen wie «Was machen Sie denn mit Ihrem Sex?» Es kam mir vor wie ein Spießrutenlaufen – und dennoch hatte ich anschließend den Eindruck, gefestigt daraus hervorgekommen zu sein. Heute bin ich überzeugt, dass meine gewonnene Selbstsicherheit als ledige Frau eine Voraussetzung war, um angstfrei den Schritt in eine Ehe zu wagen. Ich wusste: Ich kann das Leben alleine meistern, und wenn auch dabei etwas unerfüllt bleibt, muss ich deswegen nie den Kopf sinken lassen!

Etwa zwei Drittel der alten Menschen sind alleinlebende Frauen, die zum Teil ihre Männer um Jahrzehnte überleben. Das Selbständigsein scheint also schon ein wenig zur Frau zu gehören, ganz entgegen ihrer traditionellen Rolle.

Rote Farbe

«Sind mir die Trauben zu sauer?» Diese Frage aus dem Märchen vom Angsthasen, der auf die Trauben hoch oben am Spalier verzichtet, weil er im Grunde die Anstrengung scheut, ging ihr nicht aus dem Kopf.

Sie lag im Garten vor ihrer Einzimmerwohnung am See, um den Liegestuhl lagen Briefe verstreut, die nach der Fernsehsendung über das Ledigsein eingetroffen waren. Fast alle bezogen sich auf einen einzigen Satz von ihr: Sie empfinde ihr Ledigsein zwar als Verzicht, sehe deswegen aber keinen Grund, sich selber zu bedauern, hätten doch schon viele Menschen auf wichtige Ziele in ihrem Leben verzichten müssen und trotzdem ein reiches Leben geführt. Als Beispiele hatte sie Eltern genannt, deren Wunsch nach eigenen Kindern unerfüllt bleibt, Liebende, deren Zuneigung ein Leben lang einseitig blieb (wie Gottfried Keller oder Johannes Brahms), oder Menschen, die eine starke Begabung in sich spüren, diese aber nie zur Entfaltung bringen können.

Während an diesem Frühlingsmorgen um sie herum sich Tulpen öffneten, las sie Brief um Brief; einige davon enthielten ganze Lebensgeschichten. Einige nutzten die Lücke der Verletzbarkeit, die ihre Offenheit bedeutete, diese konnte sie vernichten, aber es gab andere, mit unglaublichen Unterdrückungsgeschichten, meistens in Verbindung mit bitterer Armut und Missachtung der weiblichen Identität. Diese Briefe musste sie beantworten. Sie kam sich sehr privilegiert vor in ihrem schönen Garten, weitgehend befreit von lästigen Abhängigkeiten und Pflichten, beruflich in der Lage, ihre Arbeit auszuwählen und trotzdem anständig zu verdienen! Konnte sie also persönlich die Geschichte ihres Verzichts vergessen?

Ja, sie konnte sich ein Leben als selbstbewusste unverheiratete Frau vorstellen. Sie hatte einen Beruf, der sie erfüllte. Sie konnte sich jetzt manches leisten, worauf sie früher verzichten musste, schöne Kleider, Reisen, Kunstbände. Und daneben unternahm sie mit ihrer Mutter, die jetzt verwitwet war, immer wieder Ausflüge und Reisen, verbrachte alle Feiertage bei ihr. Sie spürte, wie ihre Mutter das schätzte, wie sie an ihr hing. Sie reisten über die Schweizer Pässe, fuhren nach Salzburg und München, die Mutter freute sich über alles, kaufte von allen Orten Ansichtskarten und betrachtete sie zu Hause immer wieder. Es war offensichtlich, dass die Mutter nach Jahrzehnten des eigenen Verzichts nun vieles nachholte. Glücklich saß sie in einem Gartenrestaurant und löffelte ein Eis, was sie sich zu Lebzeiten ihres Mannes nie gestattet hätte. Noch Jahre danach konnte sie erzählen, wie die kleinen Kinder in Tschaikowskis *Nussknacker* im Marionettentheater von Salzburg sich mit Schneebällen bewarfen, noch mit über achtzig Jahren hatte sie sich eine große Erlebnisfähigkeit bewahrt. Es war aber auch offensichtlich, wie ihre Mutter, nach Jahrzehnten des Gebens und der Selbstverleugnung, es nun genoss, verwöhnt zu werden. Und die Tochter merkte, wie gern sie ihr diese Zuwendung gab, wie sehr sich ihr Verhältnis zur Mutter entspannt hatte, wie sehr sie sie auch bewundern konnte! Anders herum hatte die Mutter jetzt einen andern Zugang zu ihr. «Weißt du», hatte sie unlängst bemerkt, «wenn ich am Herd in meinem winzigen Pfännchen meine Mahlzeit koche, fällt mir oft auf, dass du das ja schon jahrelang so machst, das ist mir früher gar nie aufgefallen.»

Das kleine Pfännchen. In letzter Zeit dachte sie gelegentlich über ihre Kinderlosigkeit nach. Früher hatte diese sie nie gestört (zu grausig waren ihr die Jahre der Geschwisterbetreuung in Erinnerung), aber immer heftiger stieg nun in ihr der Kinderwunsch hoch. Nur: jetzt war es zu spät, mit fünfundvierzig. Jetzt brauchte sie nur noch für sich zu sorgen. Aber das, wovon sie lange geträumt hatte, empfand sie nun als armselig, leer.

Das Leben, diesen Garten, die gewonnene Selbstsicherheit teilen – vor ihrem inneren Auge sah sie, wie durch die Öffnung einer Frucht die Samen herausquollen ...

Vor kurzem hatte sie in einer Illustrierten geblättert und war auf einen Test gestoßen, mit dem man über die Reihenfolge verschiedener Farben auf den Charakter einer Person schließen konnte. Farben hatte sie schon immer mit Eigenschaften belegt, und darum machte sie den Test. Sie ordnete das Blau, Grün, Gelb und Grau in eine Reihenfolge, deren Auswertung einen ausgeglichenen, reifen Charakter konstatierten. Nur das Rot, das für Liebe, Leidenschaft, Lebendigkeit stand, kam bei ihr viel zu weit hinten ... Das stimmt nicht, das kann nicht stimmen, hatte sie gedacht und die Illustrierte weggeworfen. Trotzdem ging ihr das Ergebnis nicht aus dem Kopf.

Neulich hatte sie bei einem Geplauder den Satz aufgeschnappt: «Du lernst natürlich niemanden kennen, wenn du immer nur zu Hause hockst.»

8. Heirat

1980 heiratete ich Sergio Giorgio Serafino Giovannelli, Jahrgang 1935, aus La Spezia in Italien. Er lebte seit 1963 als Fremdarbeiter in der Schweiz. Damit begann eine völlig neue Ära meines Lebens.

«Arbeitest du?», fragte er mich in den ersten Tagen unserer Bekanntschaft. «Was glaubst du denn?», gab ich empört zurück. «Ich bin mein ganzes Leben für mich selbst aufgekommen, ich habe weder ererbtes noch irgendein anderes Vermögen – und trotzdem fällt von dem, was ich verdiene, noch etwas für andere ab!» Aber er betrachtete mich weiter skeptisch und stieß nach: «Hast du körperliche Schäden von der Arbeit?»

Das hätte mir gerade noch gefehlt, dachte ich. Der Kerl ging mir auf die Nerven, ich ließ ihn vorerst mal stehen. Sergio arbeitete sein Leben lang mit den Händen – und darauf ist er stolz. Ich schaue ihm bis heute gerne zu, wenn er am Arbeiten ist, es geht dann eine selbstsichere Ruhe von ihm aus, und ich habe das Gefühl, dass ich bei diesem Menschen, der das liebt, was er tut, geborgen bin. Aber es entgeht mir nicht, dass er ein gewisses Misstrauen, um nicht zu sagen eine leise Verachtung hat gegenüber Menschen, die nur im Büro arbeiten oder mit der Mappe unter dem Arm zu irgendeiner wichtigen Sitzung eilen. Darüber haben wir schon manchen Disput geführt.

Arbeiten bedeutet für Sergio, den Körper anzustrengen. Auch heute – er ist seit vielen Jahren im Ruhestand – ist er

Brautpaar Judith und Sergio, 1979

unermüdlich im Finden von Beschäftigungen, bei denen er seine Hände gebrauchen, seinen Körper benutzen, seine Erfindungslust austoben kann.

Er backt phantasievoll verschiedene Brote für einen großen Freundeskreis und kocht höchst begehrte Orangenmarmelade. Unser Balkon ist voller Blumen und Pflanzen, mit Hilfe raffinierter Konstruktionen zieht er sie hoch, sie blühen an Wänden und Decken. Vor dem Haus hat er die Plantage fortgesetzt, alle möglichen Töpfe und Kisten reihen sich aneinander, das kleinste Pflänzchen muss geschützt werden, ein Strauch, der schon seit einer Ewigkeit nicht mehr blüht, muss nochmals umgetopft werden. Nichts wird weggeworfen. «Aber das hier, das kann man doch nun wegtun», meine ich. «Nein», protestiert Sergio. «Diese Blume stammt noch aus dem Garten deiner Mutter.» Und siehe da, plötzlich treibt sie aus, dank einer raffinierten Erfindung, die nur der Mann mit dem grünen Daumen kennt.

Unsere Garage ist Sergios Werkstatt. Hier sägt, leimt, nagelt, repariert er, was kaputtgegangen ist – er meint, es gebe so gut wie nichts, das man nicht flicken könnte –, Bequemes zum Sitzen oder Liegen, Unterstützendes fürs Essen oder Lesen wird erfunden, alles, was zur Behaglichkeit und der Schonung der Glieder oder der Augen dient, wobei ästhetische Kriterien zweitrangig sind. Während ich mich mit den Unbequemlichkeiten des Lebens meist einfach abfinde, lässt er nicht nach, bis er eine Verbesserung erzielt hat.

Vielleicht ist es seiner italienischen Abstammung zu verdanken, dass Sergio bei der Arbeit gerne steht (und dazu pfeift und singt). Auch geht er mehrmals pro Tag zu Fuß in die Stadt, ruft diesem und jenem etwas zu (hauptsächlich den Blondinen!), aber er ist fast nicht dazu zu bewegen, sich in ein Restaurant zu setzen. Er wäre ein Flaneur, wenn er nicht ein halbes Leben lang gezwungen gewesen wäre, zu schuften.

Der Nachteil dieses Tätigseins ist, dass Arbeit meistens auch bedeutete: geschunden werden, an Tempo und Körperkraft mehr leisten, als er konnte, ständige Angst, ständiger Druck, immer bis zu den körperlichen Grenzen und darüber hinaus gehen, Aggression, Wut und Hass empfinden gegen «die da oben», die nicht wissen, wie einer sich fühlt, der fast zusammenbricht. Bis an die Grenzen Leistung zu bringen, hat sich in ihm so festgesetzt, dass er heute oft freiwillig bis zur Erschöpfung schuftet, ich vermute, er muss einfach beweisen, dass er es immer noch schafft. Dabei ist er von seinem Wesen her ein Träumer, ein Philosoph und Poet, und dass er trotz allem die Freude am kreativen Schaffen nicht verloren hat, kommt mir vor wie ein Wunder. Aber wenn er mal dran ist, kann er kaum innehalten, er konnte es auch nicht lernen, als er in der Schweiz war und ihm ein väterlicher Chef die Hand auf die Schulter legte und mahnte: «Pause mache, Znüni näh!»

Die Peitsche im Rücken eines Menschen, der früh geschlagen wird, lässt ihn wahrscheinlich ein Leben lang nicht los. Genauso wie Hungerjahre in der frühen Kindheit sich ein Leben lang auswirken, ein Schaden, von dem auch Sergio betroffen ist.

Trotzdem ist ihm die Freude am Arbeiten geblieben. Er sieht gern zu, wie draußen Bauarbeiter am Werk sind. Die Arbeit bedeutet ihm Selbstachtung, etwas machen, etwas selber herstellen, wie es der Soziologe Richard Sennett in seinem Buch *Handwerk* beschreibt – und aufzeigt, wohin hochspezialisierte Arbeitsteilung führt. Zum Beispiel dazu, dass Sergio sich heute einsam fühlt mit seinem Stolz, Arbeiter zu sein.

Der Begriff Arbeiter ist beinahe zu einem Schimpfwort verkommen. Sergio, der Ungelernte, kam nach Jahren der Arbeitslosigkeit in die Schweiz, schuftete in Restaurants und in einer Gärtnerei, konnte schließlich in die Firma Kern in Aarau einsteigen, wo er eine Anlehre als Feinmechaniker machen durfte. Bald hatten die Arbeitgeber heraus, dass der Mann so unfehlbar exakt wie zuverlässig war, er hat die letzte Kontrolle bei Mikroskopen und Messgeräten durchgeführt, bevor sie das Werk verließen. Nach unserer Heirat hat er in der Firma Ascom in Bern Fahrtenschreiber für Lokomotiven kontrolliert, noch später in

Wabern Anzeigetafeln für Börsenkurse montiert, auch solche für die Abfahrtszeiten von Bahnen und Postautos. Wenn wir wandern gehen und irgendwo auf einen Anschluss warten, wirft Sergio immer einen Blick auf die Anzeigetafel. Wenn unten rechts der Name seiner ehemaligen Firma steht, nickt er voller Stolz. «Wahrscheinlich habe ich die gemacht», und er schaut gleich nach, ob alles noch in Ordnung ist. Wenn irgendwo eine Lokomotive entgleist, flüstert er: «Hoffentlich war der Fahrtenschreiber intakt.» Das Verantwortungsbewusstsein und der Stolz dessen, der etwas herstellt.

Sergio hat sich nie über den Lohn definiert. Das ist auch besser so: Er wurde nie nach seinen Leistungen, sondern nach seinem gelernten Status entlöhnt, also miserabel. Er ist stolz auf seine Leistungen in des Wortes würdiger Bedeutung. In dieser Hinsicht bin ich oft neidisch auf ihn.

Wenn Sergio mit einer Blumenkiste unter dem Arm in die Stube kommt, und ich liege auf dem Ruhebett, um die Beine auszustrecken und die Zeitung zu lesen, sagt er: «Du faule Gurke!» Meistens kann ich das ertragen, denn man kann mir zwar vieles vorwerfen, aber nicht, dass ich in meinem Leben nicht fleißig gewesen bin. Aber ich habe von meiner Mutter gelernt, bei der Arbeit regelmäßig Pausen einzuschalten. Und ich habe es fast immer hinbekommen, einen selbstgewählten Rhythmus in meine Arbeit zu bringen, auch das Quantum eigenmächtig zu begrenzen. Was für einen Komfort das bedeutet, habe ich erst in der Ehe mit Sergio gemerkt! Der größte Teil der Menschheit ist wie er dazu verdammt, mit der Peitsche im Rücken zu schuften – und das trotz der immensen Arbeitserleichterungen, die der technische Fortschritt gebracht hat, und obwohl der Gesellschaft langsam die Arbeit ausgeht. Es gibt kaum etwas Absurderes als die heutigen Arbeitsverhältnisse. Auch im Wohlstandsland Schweiz arbeiten sehr viele Menschen so, dass sie ihre Erwerbstätigkeit als Last empfinden, als Überforderung, als Druck – sie fühlen sich nicht ernst genommen, mit ihrer Arbeitsleistung zu wenig anerkannt, empfinden ihre «Büez» als sinnlos und leiden unter mangelnder Gestaltungs- und Mitbestimmungsmöglichkeit. Diese Menschen retten sich aus der Arbeitsfron von den Wochenenden zu den Ferien bis zur Frühpensionierung. Dies betrifft längst nicht nur die Unterschicht, sondern sehr viele Menschen in sogenannt sinngebenden Berufen im Gesundheitswesen, in der Sozialarbeit, in der Kirche.

Sergio mit seiner Arbeitslust und seinen Arbeitsschäden gibt mir Mut, dafür zu kämpfen, dass Arbeit nicht als Last, sondern als Entfaltungsmöglichkeit der eigenen Fähigkeiten erlebt werden kann. Gegenwärtig engagiere ich mich für die alte, exotisch klingende, aber vernünftige Vision des bedingungslosen Grundeinkommens für jeden.

Sergio hat zwei versehrte Hände. Die linke Hand ist in seiner Kindheit verkümmert, zu einer Faust geschrumpft in einem katholischen Kinderheim, wo er als Halbwaise einige Jahre lang war. Er fiel hin und brach sich den rechten Ellbogen. Aus Angst, gerügt zu werden, verzichtete die Nonne auf eine ärztliche Behandlung und überließ den kleinen Bub seinen Schmerzen. Als er erst viel später operiert wurde, war die Hand nicht mehr zu retten. Diese Nonne ist mitschuldig an Sergios späterem Austritt aus der katholischen Kirche und daran, dass er bis heute Gift und Galle gegen diese Kirche speit, obwohl er, wie ich fest glaube, Sehnsucht nach einer religiösen Heimat hat. An der linken Hand fehlt Sergio ein Zeigefinger, er ist in eine Maschine geraten. Durch einen Arbeitsunfall wurde ihm auch eine Zehe zerquetscht. Trotzdem hat er bis fünfundsechzig gearbeitet.

Früh schon wurde Sergio politisiert. Er ist in einem Teil Liguriens aufgewachsen, wo damals, wie man sagte, sogar «die Olivenbäume rot» waren. In langen Jahren der Arbeitslosigkeit in Italien hat er als Freiwilliger im sozialen Bereich geholfen, vor allem versuchte er, mit Behinderten eine Initiative für eine Invalidenversicherung zustande zu bringen, leider erfolglos. All das hat er in seiner Autobiographie *Va Pensiero* beschrieben.

Sergio und ich lernten uns auf einer Studienreise nach Polen kennen, die von der katholischen Paulus-Akademie Zürich organisiert wurde und die Verbindungen zwischen der Gewerkschaft Solidarnosc und der Kirche zum Thema hatte. Der Leiter Max Keller kannte Sergio von Fremdarbeitertagungen her. Sergio und ich hatten anfänglich nicht viel füreinander übrig, wie wir uns später gestanden. Aber immer stärker fiel mir auf, dass Sergio bei Besichtigungen oder in Diskussionsrunden stets etwas anderes wahrnahm und andere Fragen stellte als die übrigen Teilnehmer. Die meisten waren Leute von der Kirche, Akademiker und Politiker, ihre Fragen blieben immer innerhalb eines bestimmten Rasters. Sergios eigenständige Neugier und die Schlüsse, die er aus dem Gesehenen und Gehörten zog, weckten mein Interesse. Aber der Kerl war komisch und schwer zugänglich! Schon im Vorbereitungswochenende in Zürich konnte ich kaum etwas mit ihm anfangen, obwohl wir beiden die einzigen waren, die sich für das Thema Geschichte von Polen gemeldet hatten.

Da saßen wir nun miteinander und sollten für die andern etwas erarbeiten. Aber Sergio beachtete mich kaum, murmelte irgendetwas vor sich hin und zog endlos Zeitungsausschnitte und Fotokopien aus seiner Mappe, die er zum Thema gesammelt hatte. Muss wohl ein Journalist oder ein Historiker sein, dachte ich. Als ich auf die Uhr schaute und mahnte, dass wir nun zur Zusammenfassung kommen sollten, die er dann vortragen könne, wehrte er sich: «Nein, nein, ich kann das nicht, ich bin nur Arbeiter, ich verstehe nichts davon!» Verdutzt stellte ich aus seinen und meinen Notizen etwas zusammen, und nach meinem Vortrag vor der Reisegruppe machte mir Sergio erstaunt ein Kompliment. Bis heute beeindruckt ihn meine «Vortragskunst»! Er achtet aber auch sehr darauf, dass ich nicht von meinem Weg abkomme, er ist ein strenger Kritiker meiner Auftritte.

Auf der Polenreise haben wir auch Auschwitz besucht. Das Furchtbarste während der Besichtigung der Gedenkstätten war, dass ich ständig das Gefühl hatte, das alles sei mir in einer fernen Ecke meines Bewusstseins bereits vertraut. Statt auf den Spuren bestialischer Barbarei befanden wir uns in einem wohlgeordneten System. In Vitrinen lagen ganz normale Geschäftsbriefe mit Firmenlogo von Matratzenfirmen, die soundso viele Kilo bestes Menschenhaar bestellten. In ledergebundenen Folianten waren fein säuberlich sämtliche Lagerinsassen eingetragen, mit Namen, Geburts- und Sterbedaten, und daneben die Todesursache (meistens Influenza). Die Ermordeten wurden also «ganz normal» wie in jedem Zivilstandsregister einer Gemeinde archiviert. Für wen bloß? Die Gefangenen, welche bis zu ihrer endgültigen Unbrauchbarkeit noch als Arbeitstiere eingesetzt wurden, waren an ihren Kleidern mit farbigen Schildern und dem Grund ihrer Inhaftierung markiert: Jude, Zeuge Jehovas, Kommunist, Krimineller. Diese Zuordnungen entsprangen einem Ordnungswahn der Betreiber. Die Ordnung verdrängte das Grauenhafte der Tat und ließ sie als korrekt erscheinen. Die Ordnung stimmte – und wer sich dagegen verging, hatte mit drakonischen Strafen zu rechnen. Die Verordnung breitete sich als Raster der Korrektheit über das Gewissen und legte es still.

Am Ende einer langen Reihe von Latrinen, in welchen die Gefangenen schutzlos allen Blicken preisgegeben waren, hing ein Schild mit der Aufschrift «Nach dem Scheißen, vor dem Essen – Händewaschen nicht vergessen!» Ordnung, Reinlichkeit, Pünktlichkeit – bürgerliche Kardinaltugenden. Überall dasselbe Bild: Die Verordnungen verschleierten, was für ein unmenschliches Unternehmen da im Gang war. Das System wurde von den meisten Gefangenen verinnerlicht, sie glaubten daran mehr als an die Wahrheit, die ihr eigener Zustand war. In einem Dokumentarfilm wird gezeigt, wie die Gefangenen gehorsam in der Schlange stehen, um kahlgeschoren zu werden. Wie ein Überlebender sagte, glaubte er, dass die Prozedur einer Läusegefahr geschuldet sei und nicht dem bevorstehenden Gang in den Gasofen. Plötzlich habe er in der zweiten Reihe der Wartenden seine totgeglaubte Tochter wiedererkannt. Die Worte, die er an sie richtete, waren: «Stell dich gerade in die Reihe!»

Mir waren die Mechanismen der Verdrängung aus meiner Arbeit bekannt. Die Ordnungssysteme und der verinnerlichte Zwang, sie umzusetzen, als wären sie Gottes Wille, sind auch in manchen Büros der Verwaltung, in Heimen und Anstalten, Gerichten, Spitälern und Schulen erkennbar. Gehorsam ohne zu denken, Gehorsam ohne Verantwortung für das, was man tut – Kadavergehorsam nennt man das, und es hat sich durch die Jahrhunderte gerettet.

Ich sah plötzlich, aus welcher Welt ich kam – und dass ich mich viel zu oft den Zwängen der Effizienz und des Profitdenkens, der Missachtung der Menschenrechte zugunsten der Rationalisierung unterzogen hatte. Mit war bewusst, dass es nicht einfach eine Kollektivschuld gibt. Aber es gab eine Täter- und eine Opferseite – das bringt Auschwitz gnadenlos auf den Punkt. Und davon ausgehend musste ich meine Arbeit überdenken.

Hunderte von Besuchern waren in der Gedenkstätte. Wir mussten oft lange warten, bis wieder Platz in einem Raum war. Plötzlich sah ich im Gedränge Sergio gehen. Sein schlecht geflickter rechter Ellbogen stand gespenstisch von ihm ab, aber fast wirkte er auch wie ein Flügel, der ihn durchs Gelände trug. Plötzlich wusste ich klar, auf welcher Seite der Gesellschaft Sergio stand. Es zog mich zu ihm hin. Und es zeigte sich, dass er auf mich gewartet hatte. Wir hielten uns an den Händen. Wir merkten, dass etwas mit uns geschah. Wir hatten keine Worte dafür, aber es hat uns zusammengehalten bis heute. Wir kamen von verschiedenen Seiten der Gesellschaft, aber wurden von einer ähnlichen Ergriffenheit erfasst, wir sahen vor uns, dass Gegner auch zu Geschwistern werden konnten. Nie habe ich mich so illusionslos im Spiegel erkannt wie in diesen Tagen in und nach Auschwitz. Unsere Gruppe logierte in einem Fünfsternehotel, etwas anderes war im damals kommunistischen Staat für Westtouristen nicht möglich. Auf dem Weg überholte unser Bus eine weiße Kutsche, die Gäste in die Nobelherberge kutschierte. In Polen herrschte Armut, die Regale in den Läden waren praktisch leer. Ich sagte zu Sergio, dass ich mich schämte mit unserer Nobelunterkunft, es gehe ihm sicher auch so? «Nein», antwortete er, «ich bin froh, dass ich ein eigenes Bad habe.» Da fiel mir

Hochzeit in Zürich: Gotte Berta Galli, Judith, Mutter, Sergio, Christoph (v. l.)

das Diktum von Jean-Paul Sartre ein: «Das schlechte Gewissen ist eine Eigenschaft des Bourgeois.»

Solche schmerzhaften Klärungen sind seither häufig zwischen uns – sie betreffen nicht nur mich, denn Sergio ist durch seine sozialistische Vergangenheit von einseitigen Vorurteilen gegenüber der bürgerlichen Welt geprägt. Die Grundlage für eine streitbare Ehe war also von Anfang an da – und in unseren Duellen ersparen wir einander bis heute nichts.

Das ist sehr gut so, denn sonst würden wir einander die jeweilige Autonomie gefährden. Selbstverständlich gibt es daneben viel Gemeinsames. An unserer Hochzeitsfeier nahm Elena Fischli teil, mit der wir beide unabhängig voneinander schon vor der Ehe befreundet waren. Ich kannte sie von den Pfingsttagungen und Frauenzusammenkünften um Marga Bührig auf Boldern, Sergio arbeitete mit ihr zusammen an Fremdarbeitertagungen. Elena konnte das Christ-Sein und das Links-Sein miteinander verbinden. Aus angesehener Familie stammend, hatte sie

rechts: Mit Monika
Stocker an der Gurten-
Friedensnacht, 1984

unten: Freunde aus der
Friedensbewegung:
Hans-Heiri und Bertel
Zürrer, 1987

als junge Frau in Mailand am Kampf der Partisanen gegen Mussolini und die Faschisten teilgenommen. Sie schenkte uns zur Hochzeit das neue Testament in drei Sprachen mit der Widmung «Per li vostro matrimonio nato e fondato in verità che non passano». Ich weiß nicht, ob Sergio das Buch je geöffnet hat, aber ich spüre, dass er das Geschenk der würdigen alten Dame wie einen Talisman achtet.

links: Mit Gritli Zschokke, 1997

unten: Hans Georg Bart, 2005

Sergio und ich hatten, ohne uns damals zu kennen, bei der Mitenand-Initiative mitgemacht und auf der Straße demonstriert bis zum bitterbösen Resultat der Abstimmung. Aber geblieben sind zahlreiche Freundschaften aus jener Zeit, die wir nun gemeinsam teilen: Hans-Heiri und Bertel Zürrer, Patrice und Marianne De Mestral, Peter und Heidi Gessler, Hans Georg Bart und andere.

Wir waren Mitglieder der Friedensbewegung, lasen die

oben: Rosmarie Kurz an ihrem 60. Geburtstag (r.), daneben Ruth Cohn, 1986

unten: Demo Jahrestag Tschernobyl auf dem Bundesplatz Bern, kurz vor dem Einsatz von Tränengas, 1987

Schriften von Martin Luther King und von den Befreiungstheologen in Südamerika. Als Mitglied des von Gertrud Kurz («Mutter Kurz») gegründeten Christlichen Friedensdienstes war ich befreundet mit deren Schwiegertochter Rosmarie Kurz, langjährige leitende Mitarbeiterin des

CFD in Bern. Sie organisierte die Berner Friedenswochen, wo meiner Erinnerung nach mehrmals der Lyriker und Friedenskämpfer Erich Fried auftrat. Einer der Anlässe, an dem es um die Rechte der Palästinenser und der Israelis ging, hat sich mir stark eingeprägt.

Fried, mit seinem knorrigen Wanderstock, machte schon als Erscheinung Eindruck. Im vollbesetzten Saal des Bürenpark Bern entstand plötzlich Unruhe, als eine Schar junger, in der Schweiz lebender Israelis hereinplatzte und mit heftigen Parolen Fried angriff. Ich glaube, den meisten Zuhörern ging es wie Sergio und mir: Wir wollten sie hinauswerfen! Aber Fried gab ihnen sofort um sein Pult herum Platz und setzte sich zu ihnen, hörte zu, widersprach allerdings auch deutlich. Die Wogen glätteten sich, es entstand ein konstruktives Gespräch, denn die jungen Juden fühlten sich offensichtlich von Fried ernstgenommen. Wir bleiben zwar bis heute bei unserer entschiedenen Meinung für das Recht der Palästinenser auf einen eigenen Staat, aber wir wissen auch um das Unrecht, das der anderen Seite zugefügt wurde und wird. Fried brachte es auf den Punkt: «Man kann nicht Recht und Unrecht gegeneinander aufrechnen, es geht immer um die jetzt aktuell vorliegende konkrete Situation.»

Am Ende saßen alle, Palästina-Befürworter und verletzte Juden, still beisammen und hörten Frieds Gedichten zu.

Am Meer

Sie saßen wie schon oft auf einem Felsvorsprung über Porto Venere, dem Punkt, wo der Golf von La Spezia ins offene Meer übergeht. Auf der äußersten Landspitze grüßte die kleine byzantinische Kirche aus schwarzem und weißem Marmor. Sie hatten ihr eben einen Besuch abgestattet. Durch ihre offenen Fenster und Türen wehte der Wind, Schwalben pfeilten hindurch, während in den dunklen Nischen Altäre verwitterten, ab und zu von einer Kerze erhellt.

Sie aßen Nespole aus der Tüte und atmeten aus. Den wie üblich anstrengenden Besuch bei Sergios Mama und ihren unlösbaren Problemen hatten sie hinter sich gebracht und wollten nochmals eintauchen in die Schönheit der Gegend an diesem makellosen Tag.

Das Meer war ruhig, wie ein Seidentuch lag es unter ihnen, die sich kräuselnden Wellen am Ufer waren kaum zu hören. Sie erinnerten sich an einen Vorfall vor einigen Jahren, sie waren frisch verheiratet und zum ersten Mal auf diesen Felsen geklettert, um einem einzigartigen Naturschauspiel beizuwohnen. Das Meer war wütend, schoss in haushohen Wellen in die Höhe und fiel krachend zurück, der Sturm tobte ohrenbetäubend. Mare mosso. Die Strandrestaurants waren geräumt, die Fischerboote in Sicherheit gebracht. Kreischend flohen Menschen ins Trockene. Da kreiste ein Helikopter über dem Golf, jemand erzählte, ein Fotograf habe sich auf eine Klippe gestellt, um das Schauspiel mit der Kamera festzuhalten, da habe ihn eine Welle geholt und im Meer versenkt. Hin und wieder war ein schwarzer Punkt auf den Wellen zu sehen, aber es gelang nicht, den Mann vom Helikopter aus zu bergen. Nach einer halben Stunde verschwanden die Retter. Die Menschen blieben wie gelähmt zurück, starrten auf den Wasserschlund, in welchem der Fotograf sein Leben gelassen hatte. Erst als die Sonne im Meer versunken war und eine verschwenderische rote Glut den Himmel färbte, hatten sie beide sich damals zum Aufbruch entschlossen. «Das gehört zum Meer», hatte Sergio trocken bemerkt. «Die Hälfte aller Fischer kehrt irgendwann nicht mehr heim.»

Heute aber war alles friedlich. An den Stamm einer Agave gelehnt, genossen sie den Zauber, der entsteht, wenn Berge und Meer sich berühren. Da sagte Sergio: «Ich denke, ich werde mich nun ein wenig zurückziehen, um dein Fortkommen nicht zu behindern. Nachdem du nun Konrektorin der Fachhochschule für Sozialarbeit geworden bist und noch eine Ausbildung zur Organisationsberaterin machst, wird der Abstand zwischen uns immer größer, es ist ein Nachteil für dich, dich mit jemandem wie mir in der Öffentlichkeit zu zeigen. Da ich dich weiterhin liebe, werde ich mich gern im Haus und sonstwie nützlich machen, aber ohne weitere Ansprüche an dich.» Sie schoss hoch wie von der Tarantel gestochen und fuhr ihn an: «Spinnst du? Das sage ich dir, wenn du deinen Stolz verlierst, ist es aus, aus und fertig!»

Zehn Minuten später hatte sie sich wieder hingesetzt, und sie schwiegen jetzt beide. In ihr rumorte es. Sie hatte Sergio in den letzten Monaten, voll beansprucht von Beruf und Weiterbildung, vernachlässigt, wie ihr jetzt klar wurde. Wie hatte sie es nur zulassen können, dass er sich in ein Minderwertigkeitsdesaster hineinmanövrierte? Vielleicht lag es auch an seiner selbstgewählten Rolle als Hausmann und freiwilliger Helfer in sozialen und politischen Institutionen? Sie fragte ihn, und er begann zu erzählen, wie ihm zumute war. «Mein Entschluss, bei der Ascom auszusteigen, war ein Fehler. Ich fühle mich jetzt noch mehr entwertet als dort.» Ständige Umstrukturierungen bei der Ascom hatten ihn nach und nach entmutigt, denn um den eigenen Perfektionsanspruch der Handarbeit zu erfüllen, brauchte er immer mehrere Wochen, bis er einen neuen Arbeitsvorgang mit seinen behinderten Händen beherrschte. Bei dem ständigen Wechsel der Abläufe kam er sich als Versager vor. «Wenn ich doch aussteigen und mich in sozialer und politischer Weise nützlich machen könnte», entfuhr es ihm eines Tages – und sie hatte den Wunsch sofort begeistert aufgegriffen. Wofür brauchten sie denn zwei Gehälter? Aber nun beklagte er sich, dass er sich als freiwilliger Helfer dort, wo er jetzt arbeitete, noch gedemütigter fühle. Man traue ihm nichts zu. So dürfe er zum Beispiel bei Amnesty International nur Akten ablegen, und er hätte doch gern selbst nützliche Zeitungsberichte, die er seit Jahren sammelte, beigesteuert. Sein Vorschlag wurde aber strikt zurückgewiesen, das dürften nur geschulte Akademiker machen. Bei der anderen Stelle hätte er gern als mehrfach mit Preisen geehrter Hobbyfotograf Bilder für die Zeitschrift beigesteuert. Ja, vielleicht, wurde ihm beschieden, aber zuerst wurde er belehrt, wie diese Fotos zu sein hätten, er kam sich wie ein Schulbub vor. Er hätte gerne alten Leuten in der Nachbarschaft bei den Arbeiten im Garten geholfen. Sie waren begeistert von dem Angebot, wollten es aber nur gegen Bezahlung annehmen. «Da bin ich ja dann nicht mehr als ein Hilfsgärtner – und ich wollte es doch aus Gefälligkeit tun, um die Menschlichkeit im Quartier zu fördern.» Sie hatten an einem Austauschsystem herumüberlegt, aber es scheiterte alles, und als eine Nachbarin ihr gegenüber äußerte, sie sollten doch verstehen, dass sie diese Hilfe nicht gratis annehmen könnten, so einer sei doch ein armer Kerl ... gaben sie auf. «Wenn du weggehst am Morgen, stehe ich oft am Fenster und schaue dir und andern nach, die zur Arbeit gehen – und beneide euch», fuhr Sergio fort, während sie Sand und Steinchen aus den Sandalen kratzte. «Es geht mir einfach auf die Nerven, wenn mir die Nachbarin im oberen Stock auflauert und mir ein Kompliment dafür macht, wie schön ich die Wäsche auf der Dachterrasse aufhänge, alles picobello geordnet, ich komme mir fast wie ein Waschlappen vor. Er hat einen Hausfrauenkoller, dachte sie, aber sie widersprach: «Einerseits bin ich froh, dass du mir den ganzen Haushalt abnimmst und sogar Dinge wie die Geburtstagskarten übernimmst, andererseits fehlt mir jetzt auch etwas, mir scheint, ich schrumpfe mehr und mehr zu einer dürftigen männlichen Biographie zusammen!» So stritten sie eine Weile hin und her, während es langsam dunkel wurde. «Wir haben eine Krise», sagte sie betroffen, während sie im Städtchen auf den Bus warteten. «Am schlimmsten finde ich, dass ich deine Gefühle nicht bemerkt habe. Wenn wir uns voneinander entfremden, ist es aus, denn nur die Nähe rettet uns, sonst haben wir nichts, was uns aneinander bindet!»

Nachts gestand sie ihm, dass sie die Stelle in der Fachhochschule kaum angenommen hätte, wenn sie ihn nicht im Rücken gewusst hätte, und zwar nicht wegen des Haushalts, sondern weil er ihr ein Garant dafür sei, dass sie nicht angepasst werde in diesem Betrieb. «Ich gebe sofort alles auf, wenn du unglücklich bist», rief sie, aber sie wusste ja, dass es ihm umgekehrt genauso ging – also begannen sie, vernünftig nach Lösungen zu suchen. Sergio wollte wieder eine feste Arbeitsstelle annehmen, und Judith nahm sich vor, nötigen Auseinandersetzungen nicht mit Rücksicht auf ihren Terminplan auszuweichen, sondern wie früher stets genügend Energie für nützlichen Streit aufzuwenden.

Die Umsetzung war dann nicht so einfach. Sergio fand länger keine Stelle, weil er bei Bewerbungen als Langzeitarbeitsloser eingestuft wurde. Es nützte nichts, wenn er erklärte, dass er die Stelle bei Ascom freiwillig aufgegeben hatte, um Friedensarbeit zu leisten. Wer aus der Reihe tanzt in unserem Arbeitssystem, der hat das Nachsehen, das hatte auch sie schon mehrmals erfahren.

Aber Hauptsache war, sie waren wieder im Tritt miteinander, wenn auch sich der Fragilität ihrer Beziehung wohl bewusst.

9. Schicksalsschläge und Spaltungen in der Familie

Mein Vater starb 1972 mit sechsundsiebzig Jahren, meine Mutter 1994 im Alter von sechsundachtzig Jahren.

Beide Eltern starben eines natürlichen Todes, ohne zuvor Pflege zu benötigen. Der Vater war zuletzt noch einige Tage im Spital, die Mutter starb friedlich zu Hause im Lehnstuhl, nachdem sie gerade noch Sophie gerufen und gesagt hatte: «Ich glaube, ich sterbe.» Am Abend vorher hatte Mutter, die mit Sophie in Muttenz zusammenlebte, noch für Sergio und mich, die zu Besuch waren, gekocht und beim Essen beiläufig erwähnt, dass sie nicht mehr lange lebe, sie spüre das. «Hast du keine Angst vor dem Tod?», fragte ich verwundert, und sie erklärte strahlend: «Nein!», und fügte unbefangen hinzu, dass sie sich auf «Vater» freue. Etwas unsicher meinte sie dann: «Wenn mich der Vater nur noch kennt nach all diesen Jahren ...» In ihrem Schlafzimmer hatte sie sein Andenken gehütet: Im Trennspalt der beiden zusammengeschobenen Ehebetten steckten die (Liebes-)Briefe, die sie einander geschrieben hatten – und sie las vor dem Einschlafen gern darin. Für uns Kinder war dieser Bereich absolutes Tabu.

Ich habe es so erlebt, dass die Eltern am Ende ihr Leben sorglos in Gottes Hände legten. Beide starben in der Gewissheit, ihr Leben erfüllt zu haben. Das Erstaunliche dabei war: Sie wirkten wohlgemut und sorgenfrei wie nie zuvor.

So etwas ist für die Kinder ein starkes Vermächtnis, eine

Sergio mit seiner Schwiegermutter, Bern 1980

starke Zusage für ihr eigenes Leben: Es ist alles in Ordnung, habt Zuversicht – so klingt das bei mir nach. Mit ihrer Gefasstheit im Sterben haben uns die Eltern ins Leben entlassen, ohne uns Schuldgefühle zu vermachen, ungefähr nach dem Psalmwort: «Siehe, ich habe dir geboten, dass du getrost und freudig seist.»

Heute, da ich viele ältere Frauen und Männer erlebe, die noch für sehr alte Eltern sorgen müssen, sie in einem oft qualvollen Wechselspiel der Abhängigkeiten von Arzt, Spitex, Alters- und Pflegeheim am Ende im Spital zwischen Schläuchen und Medikamenten begleiten müssen, wird mir bewusst, was mir erspart geblieben ist.

Im Zusammenhang mit dem Tod sollte man nicht zu viele Deutungsversuche unternehmen. Wahrscheinlich hatten meine Eltern einfach Glück. Aber man kann dem Glück auch ein wenig nachhelfen: durch Bereitschaft für das, was kommt, durch Vertrauen ins unabänderliche Schicksal. Meine Eltern haben der inneren Uhr mehr vertraut als den Angeboten der Medizin, oder besser: Sie haben nie verlernt, auf diese Uhr zu hören. Sie umgaben sich nicht mit einer Armada aus Fläschchen und Pillenschachteln. Der Vater hatte, zunehmend passiv geworden, einen kleinen Unfall, bei welchem ein vor Jahren operierter Leistenbruch erneut eintrat. Die Mutter brachte ihn ins Bezirksspitälchen, ungeachtet der Stimmen aus dem Dorf: «Frau Pfarrer, Sie werden doch Ihren Mann ins Unispital nach Zürich geben, in unser Spitälchen gehen ja nur noch Fremdarbeiter – und es hat sogar schwarze Ärzte dort!» Aber der Vater fand, das Spitälchen sei ihm zum Sterben gerade recht. Und dort geriet er tatsächlich in die Obhut eines Arztes aus Ghana. Meine Schwester Sophie, die jahrelang ein Spital in Ghana geleitet hat, war froh. «Die Ghanesen wissen noch, wie man ein Leben zu einem natürlichen Ende geleitet», meinte sie. Ungestört von medizinischen Prozeduren und Experimenten, hatten wir als Familie Zeit und Raum, um von unserem Vater Abschied zu nehmen.

Ich bin der Überzeugung, dass das feste Gottvertrauen meinen Eltern bei der Lösung vom Irdischen geholfen hat.

Ich kenne aber auch andere Beispiele von gläubigen Menschen, die im Todeskampf höllische Gewissensbisse erlitten. Vielleicht ist es entscheidend, ob man wesentlich von einem Gott der Barmherzigkeit oder einem richtenden Gott geleitet wird.

Die Medizin hat riesige Fortschritte bei der Lebensverlängerung erzielt. Heutige Achtundsiebzigjährige haben einen Habitus wie die Sechzigjährigen vor hundert Jahren, das Durchschnittsalter hat sich in dieser Zeit um mehr als zehn Jahre erhöht.

Das Resultat bedenken heute nicht nur die Ökonomen, sondern mehr und mehr auch die Alten selbst. Während die Fortschritte unserer Zeit eine Lebensqualität wie nie zuvor für den Durchschnitt der sogenannten autonomen Alten, also zwischen etwa sechzig und achtzig Jahren, erreicht haben, sagen dann doch viele der noch Älteren: «Um Himmels willen, neunzig oder sogar noch älter möchte ich nicht werden» – und lassen sich dann doch mit dreiundneunzig noch operieren, obwohl der Arzt vorher mit ihnen eindringlich und keineswegs zur Operation ratend gesprochen hat. Das zeigt für mich eine fundamentale Unsicherheit bezüglich des intuitiven Wissens, wann es genug ist. Wir sind Angehörige der Lebensgier-Gesellschaft und kennen das Wort «genug» kaum noch.

Man ist zunehmend froh um Sterbehilfeorganisationen, die von der Angst erlösen können, medizinischen Machenschaften ausgeliefert zu sein. «Ich bin jetzt ein Gefangener unseres Gesundheitswesens», sagte der einundneunzigjährige Pfarrer und Dichter Kurt Marti, der im Pflegeheim lebt. Aus diesem Satz spricht eine irgendwie erzwungene Kapitulation davor, das Heft aus der Hand geben zu müssen – an eine Instanz, der man nicht ganz traut.

Mir scheint, das Programm für die Menschen in den Industriegesellschaften müsse im 21. Jahrhundert darin bestehen, das eigene Leben schon früh als etwas Endliches zu begreifen und von dieser Gewissheit her die Tage und Jahre zu füllen. So lebt es sich gelassener, und die innere Uhr bleibt erhalten. Nach meiner Erfahrung sind Todesakzeptanz und Lebensfreude Geschwister, sie bedingen einander. Die heute übliche Verdrängung von Zeichen des Alters und der Schwäche ist unwürdig – es retuschiert das weg, was zu uns Menschen wesentlich gehört. Wenn wir unsere Tage ängstlich mit der lächerlichen Pflege unserer «Jugend» verbringen, vergessen wir, unsere reife Kraft ins Lebensfeuer zu gießen und dieses nochmals auflodern zu lassen, auch als einen Tribut an unser akzeptiertes Lebensende. Ein Witzbold hat über unsere Zivilisation gesagt: «Es gibt Menschen, die leben so vorsichtig, dass sie noch ganz neu sind, wenn sie sterben.» Leben ist kein Besitz, sondern eine Kraft zum Verbrauchen, damit es nachher von andern weitergelebt wird, wenn wir nicht mehr da sind.

Nach dem Tod meiner Mutter brach unter uns Geschwistern der Zusammenhalt auseinander, welche sie mit eiserner Energie über alle Unterschiede hinweg aufrechterhalten hat. Eine Zeitlang übernahm meine Schwester Sophie noch eine gewisse Stellvertreterrolle, sie wohnte zwischen den alten Pfarrhausmöbeln aus Laufen, mit ihrem Pfarramt repräsentierte sie ein Restchen von dem, was uns als Kinder zusammengeschweißt hatte. Aber trotz all ihrer über die Geschwister verstreuten Liebe: Die Dissonanzen waren bereits unüberhörbar, zum Beispiel in ihren Predigten, wo sie offen gegen die Positionen ihrer Brüder antrat. Nach ihrem unerwartet frühen Tod 2002 gab es keine feste Klammer mehr, die uns zusammenhielt. Wenn ich an die

Entwicklung der Familie während den letzten Jahren denke, kommt mir stets die Bibelstelle von Jesaja ins Ohr, die Händel in seinem Messias vertonte: «Der Herde gleich, vom Hirten fern, so irrten wir zerstreut. Und es wallte jeder seinen eignen Weg ...»

Die Familie ist gespalten. Gegenwärtig bin ich wohl die Isolierteste. Wenn wir auch zum Teil seit Jahren kaum mehr Kontakt haben zueinander: Vergessen haben wir einander nicht. Das Trennende blutet und vernarbt nur schwer. Unsichtbar sind wir ständig miteinander in Verbindung, nehmen alles voneinander wahr, größtenteils über Presse und Fernsehen, aber manchmal auch über spärliche persönliche Zeichen. Schuldzuweisungen für diesen Zustand bleiben natürlich nicht aus, aber meistens werden sie auch gegenseitig wieder in Frage gestellt. Persönlich haben wir wohl alle Fehler gemacht, indem wir einander auch mal öffentlich charakterlich interpretiert haben. Das bereue ich heute. Andererseits liegt es oft nicht in der Entscheidung des Einzelnen: Jedes Mal, wenn ich mich zu einem politischen Sachverhalt anders äußere als die SVP, wird das von der Presse als persönlicher Frontalangriff auf meinen Bruder dargestellt. In einem so vergifteten Klima kann ich mich als Bürgerin praktisch nicht mehr äußern, ohne missverstanden zu werden.

Persönlich habe ich Fehler gerade etwa in einem zu vertrauensseligen Umgang mit der Presse gemacht. Das möge der Skandal illustrieren, den ein Beitrag von mir im *Blick* auslöste. Ich beteiligte mich am Kampf gegen das neue, verschärfte Asylgesetz, das in der Amtszeit meines Bruders Christoph als Bundesrat ausgearbeitet wurde und 2006 zur Abstimmung kam. Unterstützer der Gegenkampagne bearbeiteten mich, ein sachliches Referat zum Thema dem

Blick zu übergeben, da die Leserschaft dieses Blattes Verschärfungen im Asylwesen besonders gern zustimme. Ich glaubte damals, durch frühere Erfahrungen mit der Presse gewieft genug zu sein im Umgang mit Journalisten. Ich verlangte also, dass der Name meines Bruders im Rahmen meines Artikels nicht erwähnt werden dürfe, auch nicht in Andeutungen, und vor allem setzte ich durch, dass der Titel nicht, wie allgemein üblich, von der Redaktion gewählt, sondern in Absprache mit mir formuliert werde. Der zuständige Redaktor hielt sich tatsächlich genau an unsere Vereinbarung, soweit es seine Zuständigkeit für das Innere des Blattes betraf.

Aber was prangte anderntags vierfarbig im Aushang an jedem Kiosk? Riesengroß der Satz: «Blochers Schwester wäscht dem Bruder den Kopf.» Dazu war ein scheußlich-kitschiges Bild von mir gestellt! Sofortiger telefonischer und später schriftlicher Protest beim Chefredaktor de Schepper änderte nichts, über mir brach eine Schmutzkampagne der SVP-Fans herein, die monatelang anhielt und vorübergehend sogar Polizeischutz für mich notwendig machte.

Solche Diffamierungskampagnen erleben leider in unserem Land viele, auch von der bürgerlichen Seite, verursacht von den Linken. Ich weiß von einigen erfahrenen Politikern und Politikerinnen, wie sehr so etwas an die Eingeweide geht, richtig krank machen kann. Tägliche Beschimpfungen durchs Telefon und über die Post, Fäkalien im Briefkasten, Rempeleien auf der Straße und im Zug, wo mir ein gepflegter älterer Herr beim Aussteigen zuraunte: «Du Saumore, ich weiß scho, wer du bisch.» Bloßgestellt und in den Dreck gezogen, erleben die Betroffenen immer das Gleiche: Die Umwelt zieht sich von ihnen zurück, man wird nicht angesprochen auf diese Vorgänge ... Das Ergebnis ist Isolation, und das kann dazu führen, dass man die Hasstiraden auch noch verinnerlicht. Hilfe ist allein bei denen zu finden, die sich laut und kräftig für einen wehren. Zum Glück wurde mir diese Hilfe zuteil. Ein Redaktor vom *Bund* rief bei mir an, meldete, er habe von der Schmutz- und Drohkampagne gehört und wolle etwas darüber bringen. Ich wehrte mich anfänglich heftig gegen diesen Vorschlag, weil ich annahm, weitere Beiträge würden das Ganze nur verschlimmern. Der erfahrene Mann war aber vom Gegenteil überzeugt. «Diese Leute sind feig», argumentierte er. «Sie rechnen damit, dass sie Menschen einschüchtern können und eine Gegenwehr ausbleibt.» Das leuchtete mir ein. Er schrieb einen Beitrag, nach dessen Publikation persönliche liebevolle Briefe bei mir eintrafen und ermutigende Leserbriefe in der Zeitung erschienen. Die Leute, die mich angegriffen hatten, konnten sehen, dass jemand, der zu Boden getreten wird, nicht wehrlos ist. Ich übergab auch sämtliche Drohbriefe der Polizei, die mir umfänglichen Schutz zusicherte und mich bei einer Demo, an der ich auftrat, begleitete. Das alles tat mir ausgesprochen wohl. Ich fühlte mich wiederhergestellt und ging nicht mehr mit gesenktem Kopf durch die Straßen.

In einem Schreiben an meinen Bruder, dem ich meinen Protestbrief an den *Blick*-Chefredaktor beilegte, entschuldigte ich mich für meinen Fauxpas. Christoph schrieb mir anständig zurück, bemerkte aber auch, dass er schon «nicht gerade Freude» an dieser Sache gehabt habe, und kritisierte: «Du hättest das doch wissen müssen.» Er hatte leider recht. Aber grundsätzlich jedem Journalisten zu misstrauen ist etwas, das man ungern lernt.

Große politische Differenzen, aber auch ganz normale

Spannungen, wie sie unter Geschwistern üblich sind, haben den Umgang miteinander nie einfach gemacht. Nichts hat mich in meinem Leben so belastet wie die Schatten in der Beziehung zu meinen Geschwistern, das zeigt aber nur, wie sehr wir im Grunde aneinander hängen. Es ist das Unbewältigte, das nachts emporkommt. Anklagen und Gewissensbisse wechseln einander ab.

Trotz allem wissen wir, dass wir voneinander unglaublich viel Anregung und Inspiration erhalten haben. Dieser Reichtum wird mir immer wieder bewusst, wenn ich eins meiner Geschwister treffe und dabei von einem weiteren höre. Viele Geschwister zu haben ist ein großes Plus.

Umso schmerzlicher, wenn einer von uns stirbt. Das reißt eine immense Lücke, ist etwas ganz anderes als der Tod der Eltern. Eltern und Kinder stehen von Anfang an in einer Abfolge, einem Nachfolgeverhältnis. Geschwister erleben sich als ein Miteinander, sie geben sich die Hand, sind auf gleicher Ebene, sie erleben einander auch viel länger, sind länger voneinander abhängig als von den Eltern, die irgendwann gehen.

Mein ältester Bruder Martin hat mich verlassen, als er neunundvierzig war. Er war ein Jahr älter als ich und für mein Leben ungeheuer wichtig. Martin war also das einzige Geschwister, das älter war als ich. Er war als Kind mein Leitstern. Das ausgesprochen Helle, Leuchtende seines Wesens, die Begeisterungsfähigkeit und geistige Neugier des Hochbegabten begleiteten mich überall hin. Von Martin habe ich das Bücherlesen gelernt. Auf dem Schulweg erzählte er mir Gustav Schwabs *Sagen des klassischen Altertums* und erfand neue Geschichten dazu, schon sehr früh vernarrte er sich in Hölderlin, der sein Held bis zum Lebensende blieb. Er führte mich ins Theater ein und als leidenschaftlicher Klavierspieler auch in die Musik. Wir besuchten miteinander auf Stehplätzen die Konzerte der berühmten Bachfestwochen in Schaffhausen, die nach dem Krieg die europäische Elite in die Kleinstadt brachte: Pablo Casals, Edwin Fischer, Wilhelm Backhaus, Pierre Fournier, Maria Stader. Später nahm mich Martin ins Schauspielhaus Zürich mit, wo die vor den Nazis geflohene Weltklasse des deutschen Theaters wirkte: Maria Becker in Kleists *Penthesilea* und mit ihrer Mutter Maria Fein zusammen in Schillers *Maria Stuart*, Therese Giehse in den Stücken von Brecht, und absolut unvergesslich Leonhard Steckel als Bankier in *Frank der Fünfte* von Dürrenmatt.

Martins hoher Idealismus, sein Streben nach dem Absoluten, zeitigte bald das Gegenteil: Er konnte sich mit den Realitäten des Lebens schlecht abfinden, litt unter seinen eigenen Unvollkommenheiten. Nach einer glänzenden Matur studierte er Germanistik bei Emil Staiger, was ein Verhängnis für ihn gewesen sein muss – er bewunderte und hasste diesen Mentor gleichzeitig, für mich fühlte es sich so an, als ob Staiger ihn «verbrannt» hätte. Martin geriet in eine tiefe Persönlichkeitskrise und war blockiert im Studium. Ich habe maßlos unter seinem Leiden gelitten und hatte nichts anderes im Kopf, als ihm zu helfen. Aber natürlich war ich dazu vollkommen untauglich. Wir beide verbrachten halbe Nächte in seinem feuchten Arbeitszimmer im Parterre des Pfarrhauses Laufen, er fluchte über seinen Vater, über Gott und die ganze Welt, wickelte sich nasse Frotteetücher um die Stirn, um das rasende Kopfweh zu lindern, machte mich herunter, weil ich von nichts etwas verstünde – und war gleich darauf sanft und einfühlend, wie es seinem Wesen eigentlich entsprach. Er suchte den Uni-Psychiater auf, und dieser riet ihm nach einigen Ge-

Martin Blocher, 1965
(† 2.11.1979)

sprächen, von den «hochgeistigen» Dingen zu lassen und irgendwie etwas «Praktisches» zu lernen. Als passionierter und nicht unbegabter Zeichner absolvierte er daraufhin die Ausbildung zum Zeichenlehrer an der Kunstgewerbeschule Zürich und verschwand dann für zehn Jahre nach Griechenland, schlug sich dort als Maler und mit Deutschstunden durch. Aber der «Abstand von allem» brachte ihm wenig. Seine schöpferische Kraft blieb wie gelähmt. Nach seiner Rückkehr arbeitete er als Zeichenlehrer an mehreren Schulen in Zürich. Immer wieder begegnen mir bei Lesungen Frauen, die bei ihm Unterricht hatten, die mir sagen, wie sanft und ermunternd er gewesen sei. Ebenso geht es Freunden, die ihm jahrelang die Treue hielten und in langen Briefen literarische und künstlerische Themen mit ihm diskutierten. «Martin ging allem auf den Grund, er suchte die Wahrheit», meint ein Freund, der ihm bis heute nachtrauert und immer wieder seine Briefe liest.

Martins Tod in einem Zürcher Spital ging mir an den Lebensnerv. Ich reagierte wie die meisten, welche in jüngeren Jahren ein Geschwister verlieren: Ich hatte Schuldgefühle und schämte mich meiner «derben» Fähigkeit des Überlebens. Martin hatte mir oft vorgeworfen, dass ich im Leben zu viele Kompromisse mache, er konnte das nicht. Ich kam mir dann minderwertig vor. Ich habe jahrelang mit der Begleitung und Unterstützung dieses geliebten Bruders gelebt. Durch meinen Roman *Das ferne Paradies* habe ich mich ein Stückweit von der Belastung befreien können.

2002 verlor ich meine Schwester Sophie. Sie starb mit siebenundsechzig Jahren. Drei Jahre jünger als ich, war sie die erste Schwester nach mir. Als Kinder wetteiferten und konkurrierten wir oft miteinander. Sophie war ein kräftiges Kind, und sie setzte sich nicht selten gegen mich durch. Nach einer Ausbildung zur Krankenschwester reiste sie sehr jung nach Ghana aus, um im Auftrag der Basler Mission eine Schwesternschule an einem Spital zu leiten. Ich empfand Sophie als ebenso zielstrebig wie fromm, über Bücher, Kultur und Politik konnte ich mit ihr in jungen Jahren nicht diskutieren. Einmal sagte sie zu mir, sie empfinde meine «Vielseitigkeit» als beängstigend – und wollte damit vielleicht Mangel an Festigkeit bei mir kritisieren.

Mit über vierzig kehrte sie in die Schweiz zurück und war sich unschlüssig, welchen weiteren Weg sie einschlagen sollte. Damit weckte sie gleich meine Neugier. Sie wollte studieren, Psychologie oder Theologie. Nach einem

Traum entschied sie sich für Theologie, holte auf dem zweiten Bildungsweg Matur und Studium nach und nahm im reifen Alter ein Pfarramt in Muttenz an, holte die Mutter zu sich, die seit dem Tod des Vaters allein lebte. Nun waren wir zwei berufstätige Frauen in der Schweiz und verstanden uns gleich viel besser, tratschten zum Beispiel darüber, wie die Herren der Schöpfung mit uns weiblichen Berufskolleginnen umgingen, sich ihre Vorteile zu sichern wussten. Sophie wehrte sich immer gleich, was mir imponierte. Aber es wurde auch bald klar, dass sie sich das Pfarramt anders vorgestellt hatte. Das hier war die Kirche für den Mittelstand – die Armen und Verstoßenen klingelten höchstens als Bettler an der Pfarrhauspforte.

Sie ließ sich ein auf diese Drogenabhängigen, Alkoholiker, Verirrten, stellte fest, dass die Fachstellen, an die man solche Personen gemäß Weisung des Kirchenrats weiterleiten sollte, meistens selbst einfach weiterdelegierten oder die Leute mit kleinen Nothilfen abspeisten. Immer klarer wurde ihr, dass es eine Gruppe von Menschen in der sonst so wohlgeordneten Gesellschaft gibt, die durch alle Raster gefallen sind und schon überall versagt haben, oder anders: mit denen man nirgends mehr etwas anfangen kann. Sie hatten jede Menge Behandlungsversuche hinter sich, waren vielleicht schon mehrmals im Knast, in psychiatrischer Begutachtung, in einer Heilanstalt gewesen, alles umsonst. Sophie aber stellte fest, diesen verlorenen Gestalten, häufig obdachlos in mehrfacher Hinsicht, mangle es vor allem an verlässlicher Liebe und der Gewissheit, dass sie irgendwo aufgehoben, zugehörig wären. Sie beschloss, ein niederschwelliges Haus zu gründen, das diese Zugehörigkeit bot, was sowohl eine bestimmte Haltung der Mitarbeitenden voraussetzte als auch ein Konzept, an dem die künftigen Bewohner nicht gleich wieder scheitern würden.

Sophie hatte im Gegensatz zu mir unternehmerisches Talent und eine gute Portion Eigensinn. Sie hatte keine Angst davor, sich mit der IV anzulegen, und als diese nicht nachgab, entschied sie, für das Haus ihrer Vorstellung die nötigen Mittel selbst zu sammeln. Mit ihrer Glaubwürdigkeit und ihrem Mut gelang es ihr, eine Million Franken zusammenzukriegen, ein passendes Haus zu kaufen und vor allem: motivierte Mitarbeitende zu finden. Das Haus zur Eiche in Birsfelden wurde unentbehrlich für viele soziale Institutionen in der Gegend. Bald war das Haus zu klein, und ein Neubau in Frenkendorf wurde geplant, diesmal mit Hilfe der IV. Die beiden Häuser, zu denen inzwischen eine spektakuläre Kunstwerkstatt mit eigenem Restaurant gehört, und die ständig weiterwachsen, werden seit dem Tod meiner Schwester mitten in der Bauphase Sophie-Blocher-Haus genannt. Ihr Andenken wirkt noch sehr lebendig unter Mitarbeitern und Bewohnern des Hauses.

Jedes Mal, wenn ich das Haus betrete, lacht mein Herz – denn hier lebt das, wovon ich in fünfzig Jahren Sozialarbeit nur geträumt habe. Den Menschen, die hier untergebracht sind, werden zwar Grenzen gesetzt. Aber deren Übertreten wird nicht mit Strafen belegt, sondern es wird den Betroffenen begreiflich gemacht, dass das Haus nicht funktionieren kann ohne diese Grenzen. Die Würde der Bewohner bleibt erhalten, auch wenn sie nicht fähig sind, die minimalen Anforderungen, die an sie gestellt werden, einzuhalten. Wer zu laut Musik in seinem Zimmer hört, dem werden nach zweimaliger Mahnung die Musikboxen abgeholt, aber ohne moralische Verurteilung. Es ist für mich verblüffend, wie gut die Bewohner des Sophie-Blocher-Hauses dieses Konzept begreifen, es gibt unterdessen einige, die sich aktiv un-

Sophie Blocher vor ihrem ersten Obdachlosenhaus in Birsfelden, 1993

ter ihren Mitbewohnern für die Hausregeln einsetzen. Das Haus und erst recht die Kunstwerkstatt ist ein Ort der Fröhlichkeit und Mitmenschlichkeit, was sage ich: Es ist eine Atmosphäre der Liebe und des Angenommenseins spürbar. Man geht nicht von den Unzulänglichkeiten der Bewohner aus, sondern alle werden motiviert, beizutragen zu dem, was dann alle als Zuhause empfinden.

Die noch von Sophie ausgewählte Leiterin Eva Brechbühler und ihr Team ziehen, zusammen mit dem Kunstwerkstattleiter Hans-Ruedi Bitterli, alle am gleichen Strang, ohne darüber große Worte zu verlieren. Für mich heißt die Parole dort: Kontrolle ist nötig, Vertrauen ist besser. Das ist ein Kontrapunkt zum allgemeinen Betrieb im Sozialwesen! Und es kommt erst noch billiger.

Viele der «hoffnungslosen» Fälle können inzwischen

extern wohnen, weil sie wissen, dass sie ein Zuhause haben, wo sie mit ihrem Kummer und ihrer Einsamkeit angenommen sind, wo man ihnen, wenn sie «abgestürzt» sind oder etwas Krummes angestellt haben, weiterhilft. Sie quittieren das in sie gesetzte Vertrauen, indem sie es viel weniger missbrauchen, als man denken würde. Die positiven Resultate beeindrucken inzwischen auch die öffentlichen Instanzen. Es zeigt sich, dass Einsatzfreude, Lernbereitschaft und echtes Zutrauen zu Menschen bei diesen mehr erreicht als allgemein vermutet wird.

Für mich ist Sophie gar nicht gestorben, sie lebt weiter in dem wunderbaren Werk, das sie in den Jahren vor ihrem Tod geschaffen hat – eine immerwährende Freude, an der ich als eine aus dem Freundeskreis teilhaben darf.

Im November 2008 starb meine Schwester Therese, sechs Jahre jünger als ich, im Alter von siebzig Jahren. Mit diesem Schicksalsschlag habe ich gehadert: Was soll das – ein halbes Leben lang habe ich mich größtenteils um meine Geschwister gekümmert, und nun starben sie mir weg. Werde ich ein einsames Alter haben?

Mit Therese hatte ich ein schwieriges, aber lebenslang intensives Verhältnis, was sich in stundenlangen Telefonaten, vielen langen Briefen und Treffen ausdrückte, die nicht selten im Streit endeten. Worauf wir uns wieder versöhnten. Es war das Phänomen «große Schwester». Mit diesem Problem rangen wir beide – wir waren redlich bemüht, aber wir schafften es nie, die gegenseitige Abhängigkeit zu überwinden und uns in neuen Rollen einzurichten.

Meine schöne Schwester mit der ausgeprägten Begabung, sich zu freuen und Schwung in eine Sache zu bringen; sie war in jungen Jahren eine Lehrerin, die ihre Schüler so zu begeistern vermochte, dass diese sogar dafür sorgten, nach der Schule sitzen bleiben zu müssen: So konnten sie ihrer geliebten Lehrerin länger nahe sein! Noch bevor sie dreißig war, verlor sie ihren Mann, der wegen eines Herzfehlers plötzlich während des Militärdienstes starb. Sie war gerade schwanger mit dem dritten Kind! Ich saß mit meinem Vater in ihrer Stube, als der Hauptmann seiner Kompanie eintraf und die wenigen persönlichen Gegenstände des Toten auf den Tisch legte. Sein Körper gehörte dem Militär – meine Schwester konnte keinen Abschied von ihrem Mann nehmen, er wurde obduziert, um die Todesursache genau festzustellen. Sie drückte ihre Wut aufs Militär aus, indem sie sich strikt weigerte, die übliche militärische Abdankung anzunehmen: in den vordersten fünf Bankreihen die Soldaten der Kompanie, Abdankung durch den Feldprediger, Ehrenwache am plombierten Sarg mit aufgepflanzten Bajonetten. Mein Vater musste seine ganze Überzeugungskunst beim Militär aufwenden, um seiner Tochter diese Schmach zu ersparen. Schließlich wurde die Ehrenwache außer Sichtweite meiner Schwester abgehalten, und es wurde gestattet, dass mein Vater die Trauerpredigt hielt. Meine Schwester hat ihr ganzes weiteres Leben lang körperliche und seelische Zustände gekriegt, sobald sie in die Nähe von Uniformierten geriet. Der Gerechtigkeit halber muss erwähnt werden, dass das Militär keine Schuld am Tod meines Schwagers hatte, der an einem unerkannten Herzfehler starb. Meine Schwester kam durch den Zufall, dass sein Tod während des Militärdienstes erfolgte, in den Genuss einer ausreichenden Rente.

Die Starre meiner Schwester löste sich nur langsam. Neben meiner Mutter war ich ihr mit Rat und Tat während der ersten Jahre mit den kleinen Kindern sehr nahe. Dankbar, dass sie nicht ihren Lebensunterhalt verdienen musste, hat sie sich sozialen Aufgaben gewidmet. Sie leitete die Witwenarbeit auf Boldern, hielt Mittagstische für Kinder ab, deren Mütter arbeiten mussten, half Migrantenkindern bei den Aufgaben und stieg später in die Flüchtlings- und Asylantenhilfe ein, war Gründungsmitglied und später erste Geschäftsleiterin der Zürcher Freiplatzaktion und begleitete im Auftrag des Roten Kreuzes unzählige Asylsuchende, hauptsächlich Kurden, zu ihren Aufnahmeverhören nach Bern. Sie führte die Redaktion der Zeitschrift der Evangelischen Frauenhilfe Schweiz, wurde geschätzt und gelobt, litt aber darunter, dass Ehrenamtliche in der Schweiz so wenig Anerkennung finden. Sie tippte das Manuskript meines ersten Romans ab und leistete wertvolle Beiträge bei der Ausformulierung. Während ich Vorträge und Lesungen hielt, Aufmerksamkeit bekam und große Blumensträuße nach Hause brachte, leistete sie wertvolle Hilfe im Schatten. Das war für uns beide nicht einfach. Zum Glück verstanden wir uns politisch und in unseren literarischen und kulturellen Interessen gut. Wir hatten uns einfach als Schwestern gern, versicherten uns dessen immer wieder und hingen enorm aneinander, konnten uns gegenseitig aber nur mühsam ertragen.

Meine Schwester, fast bis zuletzt jugendlich schön, starb durch Bauchspeicheldrüsenkrebs einen grausamen Tod. Ich habe ihn noch nicht verarbeitet.

Es erübrigt sich, auf meine sieben anderen Geschwister einzugehen, die alle noch leben und Anrecht auf Intimsphäre haben. Meine Kontakte zu ihnen sind unterschiedlich. Am häufigsten sehe ich meine jüngste Schwester Gertrud. Sie ist vierzehn Jahre jünger als ich, manchmal scheint es mir, dass sie fast meine Nichte sein könnte, denn als sie aufwuchs, hatte sich die Familie schon sehr verändert, und ich war bereits außer Haus. Aber gerade weil die Familienverstrickungen nicht allzu eng sind, haben wir einen unbefangeneren Zugang zueinander. Wir mögen uns gut und lachen viel zusammen. Sie gehört eindeutig einer andern Generation an als ich, geht virtuos und lustvoll mit den neuen Kommunikationstechniken um – während ich noch mit der Schreibmaschine schreibe, kein Handy besitze und nie Auto fuhr. Gertrud hat viel Familiensinn, der mir manchmal durch die Strapazen der vergangenen Jahrzehnte und das Große-Schwester-Syndrom etwas abhanden kam. Ich freue mich, dass sie durch ihre Lebhaftigkeit und ihre Unbefangenheit die Familie zusammenhält.

Viele Geschwister zu haben ist ein Schicksal. Es kann viele Einschränkungen, Benachteiligungen, Konflikte und Verletzungen absetzen. Aber Kinder lernen am meisten von andern Kindern, schreibt der bekannte Kinderarzt Remo Largo. Nicht umsonst haben ich und meine Geschwister alle eigene Standpunkte, können gut reden und lachen viel – ein gutes Ventil, wenn einem zu viele auf den Leib rücken.

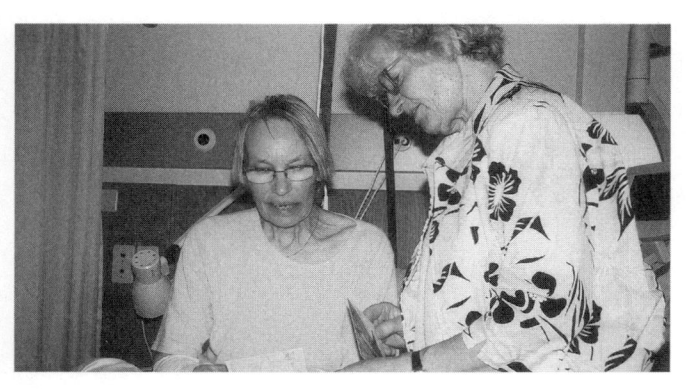

Therese Bach-Blocher, Uni-Spital, 2007

Im Weglosen

Sie stehen ums Grab der Mutter. In der Mitte gähnt ein Loch für die Urne der verstorbenen Schwester. Es gibt noch keine Leute auf dem Friedhof, nur die Geschwister sind da, wie dunkle Säulen stehen sie voneinander abgetrennt da. Man hatte sich flüchtig an den Fingerspitzen berührt. Eigentlich wollte man sich wie früher umarmen, aber es geht irgendwie nicht, irgendetwas ist dazwischengefahren, jeder steht einzeln und weiß nicht mehr, wem oder was er zugehörig ist. Die Kompassnadel ist weggesprungen, das Koordinatensystem ausgefallen, der Mittelpunkt fehlt.

Die Sonne brennt unbarmherzig. Man muss endlos lange auf den Pfarrer warten. An der Seite des Grabes steht die Urne mit der Asche von Sophie, geschmückt von einem feinen Kränzchen aus Wiesenblumen. Alle wissen, dass es nur von der Schwester stammen kann, die aus Amerika zur Beerdigung gekommen ist. Nur sie versteht es, in so liebevoller Geduldsarbeit ein so poetisches Kränzlein zu winden. Stundenlang hat Hedwig daran gebastelt, immer wieder die Blümchen mit frischem Wasser getränkt, damit sie ja frisch bleiben.

Dass die nicht da sind!, schimpft sie im Stillen. Zwei der jüngeren Schwestern haben sich gestern einfach abgemeldet. Undenkbar wäre das gewesen zu Mutters Lebzeiten! Sie hatten den Abflug in die Ferien lange vorher gebucht – für den Tag, an dem nun die Beerdigung stattfindet. «Es ist uns gleich, was ihr dazu meint», hatte die jüngste Schwester am Telefon kurz und bündig gemeldet. «Ich bin derart erschöpft – ich muss in die Ferien.» Was wäre, wenn ich als älteste Schwester mir je so etwas erlauben würde, überlegt Judith bitter. (Wie später zu erfahren ist, haben die beiden Schwestern auf ihrer Insel hoch oben im Norden zur Beerdigungsstunde eine kleine verlassene Kirche aufgesucht, sich darin aneinander gepresst und unter Tränen ein Lieblingslied von Sophie gesungen.)

Die Geschwister stehen schweigend auf dem Friedhof, keiner von ihnen kennt mehr seinen Platz unter den andern. Judith zeichnet mit den Schuhen verlegen einen Kreis in den Sand und verwischt ihn gleich wieder.

Endlich kommt der Pfarrer. Seine Worte flattern im Wind, hier ist keine Gemeinde, die sie aufnehmen kann. Schüchtern reicht er jedem die Hand, sie heben kaum den Kopf. Man ist froh, als die Kirchenglocken zu läuten beginnen. Hedwig senkt behutsam die Urne in die Tiefe. Judith legt eine Geißblattrispe dazu. Dann machen sie sich auf den Weg zur Kirche, machen Anstalten, sich beieinander einzuhängen, sich warm zu geben, wie sie es gewohnt sind, aber irgendetwas stimmt nicht, sie lösen sich schnell wieder voneinander. Man muss allein sein in diesem Labyrinth, dessen Mitte man nicht sieht.

Vor der Kirche streckt ihr ein Bruder die Hand hin und sagt abrupt: «Ich habe noch etwas vor», dreht sich um, läuft weg, zum Friedhof hinaus, Frau und Kinder im Schlepptau. Sie ist sprachlos: Er hatte ihr doch versprochen, nach der Trauerfeier die Beileidsbezeugungen der Gäste entgegenzunehmen ... Gott sei Dank stellt sich Christoph neben sie. Er sei dann auf jeden Fall da, murmelt er. Soviel sie gegen ihn einzuwenden hat – zuverlässig ist er immer gewesen.

Die Kirche ist voll. Die Gäste, die abgewiesen werden mussten, verfolgen die Übertragung der Feier im nahen Gasthaus. Im Vorfeld hatte es Aufregung gegeben, weil Medienleute sich Zugang verschaffen wollten, man musste Christoph holen, der sie mit ruhigen Worten souverän vom Platz wies.

Bis sich die Familie in den für sie reservierten vorderen Bänken verstaut hat, gibt es viel Hälserecken im Kirchenschiff.

Die Feier ist ergreifend. Es sprechen nur Menschen, die Sophie gekannt und geliebt haben: ihr Pfarrkollege aus der Gemeinde, die Präsidentin der Basler Mission, eine schwarze ehemalige Mitarbeiterin aus Ghana. Wie sie den Namen Sophie mit ihrem Akzent ausspricht, ist sehr berührend, es liegt soviel Wärme, soviel Anhänglichkeit darin.

Dann die alten Lieder, die alten Gebete. Es entsteht über die Bankreihen hin ein Gefühl der Verbundenheit. Die Schwestern drücken einander die Hände, die Tränen beginnen erlösend zu fließen. Dennoch: wie die Blochers da so in einer Bankreihe aufgereiht sitzen, ist jeder beim andern, ohne zu wissen, was in ihm vorgeht.

Aber einige Tage nach der Beerdigung schickt der jüngste Bruder Andreas seinen Geschwistern einen Brief. Er saß bei der Trauerfeier eine Bankreihe hinter ihnen und beschreibt nun, was er sah.

Die Kopfbewegungen seiner Schwester Judith, wenn sie immer wieder lebhaft nickt zu einem Satz, der von der Kanzel kommt. Die Bewegung unter den Geschwistern, wenn Ereignisse aus der Erinnerung in einer Trauerrede lebendig werden – alles beschreibt er mit der ausgezeichneten Beobachtungsgabe, die ihm eigen ist, liebevoll und warm, mit wohltuender Ironie gemischt. Eine der besten Momentaufnahmen, wie sie in dieser unbeschreiblichen Familie immer wieder vorkommen.

Wer könnte die hin und her laufenden Fäden beschreiben, das immer wieder hoffnungslos verknotete Netz entwirren in einem Sammelsurium, das sich Familie nennt!

10. Fruchtbarer Lebensherbst

Nachdem ich einige Jahre selbständig als Supervisorin und Dozentin in verschiedenen Schulen für Sozialarbeit gearbeitet hatte, nahm ich 1979 wieder eine Vollzeitstelle an, diesmal als Leiterin der Abteilung für Fort- und Weiterbildung der Schule für Soziale Arbeit Bern. Das brachte mir eine erhebliche Gehaltsaufbesserung und einen deutlichen Statusgewinn. Über diese Vorteile war ich froh, denn in Gelddingen war ich noch nie ein Genie, und als Sergio und ich heiraten wollten, musste ich schauen, dass ich eine gewisse finanzielle Stabilität hinbekam. Die Aufwertung, die meine neue berufliche Situation mit sich brachte, war und ist mir bis heute nützlich, wenn ich zum Beispiel für ein Referat angefragt werde. «‹Sozialarbeiterin› können wir nicht gut ins Programm schreiben», heißt es immer wieder in der Vorbesprechung! Zum Glück kann man jetzt noch anfügen: «Autorin», das macht was her! Das wäre alles zum Schmunzeln, wenn es nicht immer wieder der traurige Beweis dafür wäre, dass Menschen, die ihr Wissen und Können in der Praxis und im Lebensalltag erworben haben, kaum Zugang zu verantwortungsvollen Positionen und entsprechenden Gehältern finden.

Dass die Tätigkeit in einer Schule für mich nur teilweise der richtige Ort war, wusste ich bald – wie hätte es auch anders sein können, nachdem ich mich selbst in keiner Schule verstanden gefühlt hatte! Kurz vor Antritt der Stelle hatte ich auch ein Teilzeitpensum beim Berufsverband der

Sozialarbeiter aufgegeben. Die Redaktion des Verbandsblatts, die ich dort innehatte, machte mir Freude, die anderen Verbandsaufgaben nicht. Die ständigen Abgrenzungsbemühungen und das Standesdenken machten mir zu schaffen, ich erlebe es zum Beispiel in der Krankenpflege als störend, weil es einer guten Zusammenarbeit hinderlich ist und die Akademisierung vorantreibt. Wenn ich aber bei einer Arbeit mit dem Herzen nicht ja sagen kann, schaut bei mir nie etwas heraus, ich versage! Wenn die strukturellen, strategischen, finanziellen oder politischen Aspekte eines Projekts zu wichtig werden, hängt es mir aus – diese Grenze haben Mitarbeiter und Vorgesetzte immer wieder bei mir festgestellt.

In meiner Tätigkeit in der Abteilung Fortbildung der Schule für Sozialarbeit war es dasselbe: Bei dem Angebot von Fortbildungskursen war ich dabei, konnte mich darin auch ziemlich frei bewegen. Die Kurse waren sehr praxisbezogen, die Wahl meiner Dozenten oft ungewöhnlich, da ich interdisziplinär vorging und professionelle Kriterien nicht die oberste Priorität hatten. Freude machten mir auch die Kurse an der Volkshochschule zur Einführung von Laienhelfern im Sozialwesen. Auch die Tagungen für Vormundschafts- und Fürsorgekommissionen passten gut zu meinen Bedürfnissen: Ich versuchte das Ergänzende, Vielgestaltige der Gremien zu stärken. In der Schulleitung fand ich es manchmal etwas blutleer. Ich war dort die einzige Frau und die einzige Person, die über ausreichende Praxiserfahrung verfügte. Und dies, obwohl die Schulen von Frauen gegründet und jahrzehntelang ausschließlich von Frauen geleitet worden waren!

Die akademische und männliche Dominanz nahm in allen Ausbildungsstätten für helfende Berufe über die letzten

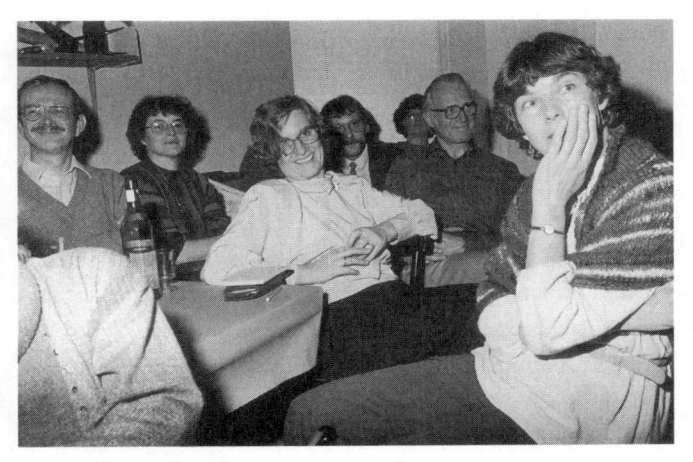

Schulfest VSSA Bern: Bernhard Danioth, Mathilde Senn-Lüthi, Judith Glovannelli, Rektor Martin Stähli, Theo Müller (v. l.), 1985

Jahrzehnte zu. Ich bot zum Thema «Weibliches Arbeitsvermögen in der Sozialarbeit» mehrere Kurse an, außerdem zusammen mit jungen feministischen Kolleginnen Kurse zu Fragen des Durchsetzungsvermögens und des strategischen Denkens aus feministischer Sicht. Darin gingen wir den historischen Vorbildern der Pionierzeit der professionellen Sozialarbeit nach, Alice Salomon (Deutschland) und Jane Addams (Amerika), wobei mich meine Freundin und Kollegin der Zürcher Schule für Sozialarbeit, Silvia Staub-Bernasconi, und die damalige Sekretärin der SASSA (Zusammenschluss der Ausbildungsstätten für professionelle Sozialarbeit in der Schweiz), Esther Burkhart-Modena, unterstützten. Besonderes Gewicht in der Aus- und Weiterbildung von Sozialarbeitern hatten lange Zeit die in der Praxis bewährten Methoden gehabt. Mit meiner ältesten beruflichen Freundin Ruth Brack habe ich während Jahrzehnten darüber diskutiert. Ich sehe uns wieder am schönen Steintisch ihres Ferienhauses im Tessin beim Entwerfen neuer Unterrichtskonzepte, es braucht literweise Kaffee und bei ihr manche Zigarette, bis wir uns geeinigt und etwas fertiggestellt haben, zum Beispiel das Büchlein *Freiwillige Tätigkeit und Selbsthilfe aus der Sicht beruflicher Sozialarbeit*.

Oft gab ich in der Berner Schule auch Anlass zu Tadel: Einmal schrieb ich im Jahresbericht, wir von der Schulleitung hätten uns das Jahr über zu wenig solidarisch mit unseren Studierenden verhalten, die gegen einen Vorschlag der Stadt im Umgang mit dem Alternativzentrum Reitschule rebelliert und ein Transparent aus den Fenstern unseres Schulhauses gehängt hatten. Das wurde vom Rektorat sofort rigoros unterbunden, die Schule war ja abhängig von der öffentlichen Hand. Noch jetzt sehe ich unsere Studierenden entmutigt im Treppenhaus der Schule sitzen. Sie verstanden die Welt nicht mehr. Ob sie durch die scharfe Zurechtweisung weitergekommen sind im Begreifen des «doppelten Mandats» unseres Berufs oder ob sie sich im Gegenteil weiter radikalisiert haben in ihrer Haltung gegenüber den Behörden, wie dies so viele Sozialarbeiter tun, weiß ich nicht. Ich erhielt jedenfalls vom Schulvorstand meine erste offizielle Rüge.

Später beteiligte ich mich an einem Referendum gegen das Pilotprojekt einer Jugendstrafanstalt, deren Modell in der Folge auf die ganze Schweiz ausgeweitet werden sollte. Es war eine Art Panikreaktion des Konkordats des Schweizerischen Strafvollzugs im Nachklang der Achtziger Unruhen in Zürich und anderswo. Das Referendum hatte ein mutiger junger Student lanciert, der selbst in einem Jugendheim gearbeitet hatte. Er bat mich um meine Mithilfe, und ich sagte zu, denn ich hatte in meiner Arbeit bei der

Jugendanwaltschaft erlebt, in was für panische Ängste Jugendliche geraten können, wenn die Zellentür geschlossen wird und sie tagelang sich selbst überlassen bleiben. Große Helden der Straße werden da plötzlich zu Kindern, die Heimweh kriegen, aber ihr Schluchzen wird nicht gehört. Ich hatte nicht bedacht, dass mein selbstverständliches Mittun beim Referendum, das schließlich die Abstimmung gewann und den Plan landesweiter Jugendknäste verhinderte, der Loyalität der Schule gegenüber dem Kanton Bern zuwiderlief, der verantwortlich für das Pilotprojekt war! Ich musste beim zuständigen Regierungsrat antraben. Das Gespräch endete friedlich, der Magistrat ließ protokollieren, wie er festgestellt habe, hätte ich nichts gegen den Staat (!), sondern sei als Folge meiner früheren Tätigkeit bei einer Jugendanwaltschaft «übersensibilisiert in Bezug auf Einsperren von Jugendlichen im Kindesalter». Als Strafe musste ich dann mithelfen, eine neue kantonale Lösung zu suchen für Jugendliche, die man unmöglich in Freiheit betreuen konnte.

Nach und nach wurde ich der Schranken, die einer leitenden Person im öffentlichen Leben gesetzt sind, immer überdrüssiger. In einer Nacht anfangs März 1986, als Stürme über das Land fegten und die Scheidung des aufkeimenden Frühlings vom absterbenden Winter ankündigten, erwachte ich morgens um vier Uhr und wusste: Ich kündige! Behutsam weckte ich Sergio und sagte: «Ich muss etwas entscheiden, begleitest du mich auf einen Spaziergang?» Sergio hat ein Gespür für meine inneren Vorgänge. Er fand meine Bitte nicht verrückt, sondern kleidete sich an. Als wir aus dem Haus traten, hörte ich im dämmernden Morgen einen Vogel piepsen, der erste in diesem Jahr! Es ist unglaublich, was eine solche Botschaft in einem

Menschen auslösen kann! Das Gespräch mit dem Rektor am Nachmittag kam für ihn völlig überraschend – niemand war auf die Idee gekommen, dass ich die Stelle aufgeben wollte. Ich hatte nicht das Gefühl eines Befreiungsschlags, sondern eine gewisse Bangigkeit, wie immer, wenn man seiner Intuition folgt, ich war nicht «sicher», ich gehorchte nur meiner inneren Stimme – und vor uns lag die Zukunft im Ungewissen. Dass ich die Kraft (oder den Leichtsinn) hatte, ohne äußeren Anlass mit achtundfünfzig Jahren eine gut bezahlte und gesicherte Stelle aufzugeben, finde ich heute erstaunlich. Es war einfach ein Wissen in mir, dass etwas in mir steckte, das noch heraus musste – und eigentlich war es höchste Zeit dafür!

Aber zunächst landeten wir auf dem Boden. Da ich aus der Schule austrat, ohne eine neue Stelle anzunehmen, verlor ich damaligen Regeln gemäß den gesamten Anteil des Arbeitgebers an meine Pensionskasse, etwas, das wir uns genau besehen nicht leisten konnten. Ich hatte mein ganzes bisheriges Leben mit eigener Arbeit bestritten, hatte nicht geerbt, besaß weder eine Liegenschaft noch Grundbesitz. Durch Unterstützungen innerhalb und außerhalb der Familie hatte ich nur wenig gespart, das konnten wir nun allerdings gut gebrauchen, denn es dauerte länger, bis ich durch freiberufliche Aufträge wieder ein ausreichendes Einkommen hatte. Vor allem mussten wir uns eine bescheidenere Lebensweise angewöhnen, denn in den ersten glücklichen Jahren unserer Ehe hatten wir es genossen, zwei- bis dreimal pro Jahr in die Ferien zu gehen, auch mal auswärts zu essen und unsere Zweisamkeit auch materiell auszukosten. Aber an den Ostern, die auf die Kündigung folgten, machten wir keine Auslandspläne wie die Jahre zuvor, sondern ich sagte zu Sergio: «Wandern wir doch mal auf den Bantiger, das kostet uns nichts und tut unseren Beinen gut!» (Es war dann allerdings eine langweilige Wanderung.)

Erst nach und nach wuchs ich in meine neue Freiheit hinein, begann aufzuatmen und entdeckte neue Möglichkeiten: Mit dem ausbezahlten eigenen Pensionskassenanteil kauften wir uns eine Zweizimmerwohnung in Poschiavo. Damit erfüllte ich mir einen Traum, der schon seit Jahren in mir geschlummert hatte. Ich kannte zwar die Gegend noch nicht, aber wusste, dass der von mir sehr verehrte Dichter Wolfgang Hildesheimer sich vor Jahren dorthin zurückgezogen hatte, um in der Abgeschiedenheit seine Werke zu schreiben. Ein mächtiger Drang nach Unabhängigkeit und Reflexion in ungestörtem Bei-mir-Sein machte mich sehnsüchtig nach einer abgelegenen Gegend, wo man schlecht hinkommt und darum nicht immer von Besuchern gestört wird. Allerdings war unser Budget knapp, und als Sozialarbeiterin verbot ich es mir streng, mich irgendwo zu verschulden, so reichte es nur für ein winziges Refugium in einem anspruchslosen Ferienchalet mit sechs Wohnungen. Anlässlich eines kurzfristigen Aufenthalts in Poschiavo sah ich die Ausschreibung der Wohnung im Touristenbüro, besah mir das Haus von außen und entschied sofort: Das ist nichts. Als aber Sergio mich abholte, wollte er es auch sehen. Er entscheidet nach anderen Kriterien: «Wow», sagte er. «Das Haus ist gut gebaut und hat gute Sicht, die freie Wohnung ist zuoberst: Das wäre was!» Und wir kauften das möblierte, mit Ikea-Möbeln ausgestattete Ding, das so gar nicht meinen Träumen entsprach. Nie hätte ich damals gedacht, wie viel dieses Refugium mir dann während zehn Jahren bedeutet hat!

Es schimmert als eine Perle des Glücks in meinen Erin-

Auf der Terrasse in Poschiavo, 1993

nerungen, ein Ort, wo ich mich finden und gleichzeitig aus mir herausgehen konnte wie niemals vorher in meinem Leben. Hierher konnte ich mich zurückziehen, hier fand mich niemand – von Bern aus brauchte man neun Stunden, um es mit der Bahn zu erreichen! Das Haus war von einem Italiener sehr praktisch gebaut worden, außer unserer gehörten alle Wohnungen Italienern, und bald hatten wir raus, wann sie anrauschten, wir konnten uns danach richten – und hatten während unseres Aufenthalts fast im-

Mit Sergio in Poschiavo, 1998

mer das Haus für uns allein. Sergio arbeitete in jenen Jahren noch, ich war die Woche über für mich, breitete in der ganzen Wohnung meine Unterlagen aus, tippte drauflos, wanderte aber auch mit meinen Büchern den ganzen Tag über der Sonne oder je nach Bedürfnis dem Schatten nach, denn wir hatten rund um die Wohnung Balkone: zwei große Terrassen auf der Vorder- und Rückseite des Hauses, dazu zwei schmale Balkone auf der Seite. Die schöpferischen Pausen im Angesicht der Berge, eines schönen Bächleins, weidenden Kühen und heuenden Bauern, dem Bernina-Bähnchen, das von der Alp Grüm langsam ins Tal hinunterhötterlet und in jeder Kurve quietscht, waren die reinste Quelle der Kraft.

Hildesheimer sah ich meist nur von weitem, wie er bei seinem Schoppen in seinem Lieblingsrestaurant saß. Es ging eine abgeklärte Ruhe von ihm aus, seine Augen waren aufmerksam und hellwach. Er hatte damals schon aufgehört zu schreiben, er gestaltete nun ergreifend schöne Collagen aus Reproduktionen von alten Meistern, die er zerschnitt. Bei jeder Begegnung dachte ich erneut, dass dieser Mann in jungen Jahren als Übersetzer den ganzen Nürnberger Prozess durchgestanden und dabei so viel erlebt hat, dass er nachher ein Leben lang darüber schwieg. Nun ruht er auf dem Friedhof von Poschiavo. Nach jüdischem Brauch liegen immer ein paar Steinchen auf seinem Grabstein, welche Menschen, die ihn nicht vergessen, dort hinlegen.

In Poschiavo habe ich zum ersten Mal etwas zur Veröffentlichung Bestimmtes geschrieben, das niemand bestellt, dessen Inhalt niemand vorgegeben und dessen Länge nicht festgelegt war! Für eine Frau, die ein Leben lang immer «zu Diensten» gewesen ist für alle möglichen Anliegen, ist das angsterregend, eine richtige Aufregung! Ich brauchte die Verbrüderung aller Berge, Sonnenauf- und -untergänge um mich herum, damit ich zu diesem Vorhaben durchstieß. Zuerst schrieb ich einen Essay über Konrad Farner, der prompt gedruckt wurde – und dann holte ich aus dem Keller die gut verschnürten Pakete der verschiedenen Romanversuche über mein Leben herauf, alles gescheiterte Unternehmen, in welchen ich steckengeblieben war. Aber nun musste es gelingen! Allerdings kam, wie üblich in meinem Leben, wieder allerlei dazwischen, was sich aber später positiv auswirken sollte. Als erstes kreuzte eine kleine hartnäckige Frau aus dem Emmental auf und erklärte: «I wott mis Läbe ufschriebe, mi Nachwält mues wüsse, wien i gläbt ha!» Was für eine Selbstsicherheit die alte Arbeiterin und Putzfrau da aufbrachte, als sie kurz und bündig

Freunde aus der Friedensbewegung: Hans und Hanni Schilt, 1987

darauf bestand, dass ich ihr behilflich sein sollte beim Schreiben ihrer Autobiographie! Entsetzt wehrte ich ab, das durfte nicht wahr sein, so viel hatte ich geopfert, damit ich einmal frei und selbstbestimmt das machen konnte, was ich wollte. Ich sagte ab, begründete es damit, dass es mir als Zürcherin unmöglich sei, ihren urchigen Emmentaler Dialekt ins Hochdeutsche zu übertragen und dass ihre ganze Lebenswelt mir zu fremd sei, um sie authentisch in ein Buch übertragen zu können. Aber sie gab nicht nach, schaltete ihren Mann Hans ein, der nun an Sergio gelangte und insistierte, Hanni könne nicht sterben, ohne ihr Leben «niedergelegt» zu haben, und sehe nun einmal keine andere Person als mich, die ihr dazu verhelfen könne. Da konnte ich mich nicht mehr verweigern. Es dämmerte mir, dass mit der Niederschrift dieses Lebens auch ein therapeutischer Zweck verbunden sein könnte.

Hanni Schilt hatte ein sehr dramatisches und anstrengendes Leben hinter sich. Wir kannten uns aus der Friedensbewegung und mochten einander. Ich kürzte also meine

Poschiavo-Aufenthalte und pilgerte jede Woche einen Nachmittag nach Langnau, wo Hanni mit dem Tonband auf dem Tisch auf mich wartete. Mein eigenes Romandebüt wurde mal wieder vertagt. Aber was wir beide dann über zwei Jahre hinweg miteinander erlebten, hat viel dazu beigetragen, dass es anschließend mit meinem eigenen Romanmanuskript zügig vorwärtsging. Die über fünfzig Tonbandkassetten, die in den Langnauer Gesprächen entstanden, hörte ich jeweils am Wochenende nach meinem Besuch im Emmental drei- bis viermal ab und fasste sie dann auf Hochdeutsch zusammen. Das ganz genaue Hinhören nicht nur auf die Worte, sondern auch auf den Ton, dazu die visuelle Botschaft, die Hanni mit ihren überaus ausdrucksstarken Augen und ihren Gesten beim Sprechen aussandte, waren mir dabei gegenwärtig. Ich musste immer herausfinden, was Hanni eigentlich sagen wollte. Anfänglich kam ich oft ins Dilemma: Ich kannte die ganze Familie Schilt und wusste, dass bestimmte Ereignisse von den Familienmitgliedern unterschiedlich erinnert wurden. Einiges in ihrem Leben hatte ich auch selbst miterlebt und fiel darum Hanni ins Wort: «Aber hör mal, das war doch nicht so!» Aber bald wurde mir klar: Für das Buch ist allein ihre Sicht maßgeblich! Das bewegte Leben der blitzgescheiten Frau, die in Armut und Gottesfurcht aufwuchs, aber später lebenslang nach einer Verbindung von Christentum und Sozialismus gesucht hat, ist erstaunlich. Durch die politische Tätigkeit ihrer Brüder und ihrer Mitgliedschaft im Arbeiterbildungsverein wurde sie politisiert und fand Ansporn bei Dürrenmatt und Frisch, Wolfgang Borchert und Dietrich Bonhoeffer. Kernsätze dieser Dichter schrieb sie in ein Schulheft und nahm es mit an ihren Arbeitsplatz am Fließband bei Kambly und Gerber Käsli. Sie halfen ihr, die Tage durchzustehen, ohne im Morast von Stumpfheit, Intrigen der Arbeiterinnen und der Schikanen von oben zu versinken. Sie engagierte sich in der religiössozialen Vereinigung und trat mutig an Demonstrationen auf, für den Spott brauchte sie nicht zu sorgen. Aber durch das Buch, das wir schließlich zustande gebracht und mit Hilfe des Redaktors der evangelischen Zeitschrift *Sämann*, Dieter Olaf Schmalstieg, unter dem Titel *Es wär' noch Zeit, etwas zu wagen!* herausgebracht hatten, wurde sie weit über ihre Region hinaus bekannt. Die Durchsetzungskraft dieser Frau machte mich zeitweilig fast aggressiv, bis ich realisierte, dass es Zeit war, mir selbst zuzutrauen, mein Leben als wichtig und der Veröffentlichung würdig zu befinden. So gesehen verdanke ich Hanni, mit der ich bis zu ihrem Tod vor wenigen Monaten freundschaftlich verbunden blieb, viel. Gemeinsame Biographiearbeit schafft eine außergewöhnliche, intime Beziehung, ist eine Bereicherung für das eigene Leben.

Das Buch mit Hanni war nicht der einzige «Zwischenfall» auf meinem geplanten Weg in die Freiheit, dem berühmten «Machen, was ich will», von dem so viele träumen. Kaum hatte ich die Tür der Schule für Sozialarbeit hinter mir geschlossen, erreichte mich eine Anfrage des Justiz- und Polizeidepartements des Kantons Bern: Sie wollten eine Härtefallkommission für abgewiesene Asylbewerber gründen, wie es von der damals zuständigen Bundesrätin Elisabeth Kopp vorgeschlagen worden war. Es waren die Jahre, als die Schweiz von neuen Wellen Asylsuchender überrollt wurde, hauptsächlich von Tamilen, Kurden und immer mehr von Menschen aus dem Balkan. Bei der Abklärung entstanden große Pendenzenberge, die Wartefristen zwischen der Gesuchstellung bis zum endgültigen Entscheid betrugen oft viele Jahre, was zu sozialen Härten führte, wenn sich die Bewerber inzwischen an ihren Arbeitsplätzen integriert hatten und ihre Kinder eingeschult waren. In solchen Fällen, wie auch bei Krankheit oder anderen erschwerenden Lebensumständen sollten die Gesuchsteller eine bleibende Aufnahme in unserem Land finden.

Die Kommission, welche die Fakten überprüfen sollte, war zusammengesetzt aus dem Chef der kantonalen Fremdenpolizei, dem Chef des kantonalen Straf- und Justizvollzugs, zwei Vertretern der Kirche (die sich damals vor allem für das Bleiberecht der Tamilen einsetzte) und zwei Vertretern der Sozialarbeit. Als Chef hatte die vorberatende Arbeitsgruppe einen pensionierten Oberrichter vorgesehen. Aber der zuständige Regierungsrat, ein Grüner, war damit nicht einverstanden. Es ging nun ja nicht mehr um juristische Belange, sondern um soziale Gesichtspunkte. Und er fragte mich. Ich fühlte mich wie in einer Zange durch diesen Zugriff. Unter keinen Umständen wollte ich jetzt wieder in den Beamtenapparat eingebunden werden – und dann die garstigen Verhältnisse im Asylwesen! Aber ich war sehr verlegen um plausible Argumente für eine Absage, vor allem hatte ich ja jetzt auch Zeit ... Also startete ich meine neue Selbständigkeit mit zwei langfristigen, beinahe ehrenamtlichen Engagements!

Allerdings brachte mir mein Eintauchen in den Bauch des gesetzlichen Asylwesens die Befreiung von vielen Vorurteilen und viele neue Erkenntnisse. Die Fäden der Zusammenarbeit reichten bis ganz hinauf zum Leiter des Bundesamtes, Peter Arbenz, und hinunter zu zahlreichen Freiwilligengruppen, Dorfgemeinschaften, Schulen und Kirchgemeinden, die sich mit Vehemenz und unermüdlicher Hartnäckigkeit für Einzelschicksale in ihrer Umgebung engagierten. Sie klagten die herzlosen Behörden an, «die do obe z'Bärn», und ich realisierte, dass ich unverhofft die Seiten gewechselt hatte, nun Teil einer regierungsrätlichen Kommission mit Entscheidungsbefugnissen war und zu denen gehörte, die von meiner eigenen Asylbewegung scharf bekämpft wurden. Ich saß manches Mal spätabends in einem der abgenutzten Büros der Fremdenpolizei an der Berner Kramgasse, Akten lesend und die Entscheide meiner Kommission mit meiner Unterschrift bestätigend. «Kein Härtefall», stand nun da, und darunter mein Namenszug, egal, ob ich an der entscheidenden Sitzung mein Herzblut eingesetzt hatte für die Anerkennung dieser Familie, die am Ende abgelehnt wurde, weil sie die vom Bundesamt vorgegebenen Kriterien nicht ganz erfüllte: Keins der drei Kinder dieses kurdischen Ehepaars, welches seit drei Jahren in einem Gasthof im Jura arbeitete, ging schon zur Schule ... Aber wohl hatte mir getan, dass der Sekretär der Kommission, Chef der kantonalen Fremdenpolizei, mich nach der Sitzung beim Ärmel nahm und tröstend sagte: «Das ist Ihnen nahegegangen, diese Ablehnung – und im Grunde genommen haben Sie recht, es ist ein Blödsinn, diese Familie wegzuschicken, denn ich finde unmöglich einen Schweizer, der in dieser gottverlassenen Gegend arbeiten will, also muss ich nun für diesen Wirt viermal im Jahr einen Kurzaufenthalter organisieren, denn das Saisonnier-Statut ist ausgeschöpft, und eine andere Lösung gibt es nicht.»

Dieser Chef und ich haben uns nach einiger Zeit gut verstanden. Das war zu Beginn noch anders. Als ich mich bei ihm vorstellte, empfing er mich sehr frostig und sagte offen: «Ich habe mir überlegt, ob ich Ihnen die Hand geben soll, denn Sie sind Mitglied der Asylbewegung, die von uns Abgewiesene zu Hause versteckt. Bei einer Demonstration sind Mitglieder Ihrer Organisation in mein Büro eingedrungen und haben ein Spruchband vor mich hingehalten, auf dem stand: ‹Mörder!› Da sie vermummt waren, kann ich nun ja nicht wissen, ob Sie dabei waren!» Dem Mann war anzumerken, wie tief ihn dieser Auftritt verletzt hatte. Er war sechzehnjährig als Lehrling zur Fremdenpolizei gekommen, ein Glücksfall für ihn und seine Familie im Jura in einer Zeit großer Arbeitslosigkeit. Er hatte sich bis zum Chef hochgedient, war mit einer Jugoslawin verheiratet. Ich lernte ihn als sehr tüchtigen, hochintelligenten Mann kennen, der sich aber natürlich in allen Dingen loyal gegenüber seinem Arbeitgeber verhielt. Wenn wir manchmal Seite an Seite spätabends noch die Unterlagen für die Sitzung vorbereiteten, machte er manchmal Bemerkungen, die zeigten, dass der Mann mehr sah und verstand, als er sich gegen außen anmerken ließ. Es freute mich, als er nach einigen Monaten der Zusammenarbeit zu mir sagte, er sehe, dass ich brauchbare Fachkenntnisse hätte und um Sachlichkeit bemüht sei. Das war allerdings auch nötig! Subjektiver und emotionaler, und zwar von unten bis an die oberste Spitze der im Asylbereich Arbeitenden, wird kaum irgendwo argumentiert und nicht selten auch entschieden. Etwas Irrationaleres als dieses Feld gibt es kaum, und es ist dann natürlich für beide Fronten in der Politik am einfachsten, sich an starre Feindbilder zu halten – die nachher alles blockieren. Wieder einmal liegen auch hier alle Hoffnungen auf den Reformern unter den Menschen, die im Asylbereich arbeiten. Handelt es sich um Personen in höherer Position, setzen sie sich nicht nur für Einzelfälle, sondern auch für humane Reformen der Strukturen und

Gesetze des Flüchtlingswesens ein. Es ist schon entscheidend, wer als Chef des Bundesamtes für Asylwesen und wer als Departementsvorsteher amtet.

Im Rückblick möchte ich meinen, dass die damals von Linkskreisen sehr abgelehnte Bundesrätin Elisabeth Kopp wie auch ihr Amtsvorsteher des Flüchtlingswesens, Peter Arbenz, menschlicher und sachkompetenter handelten als viele, die nach ihnen kamen. Alles in allem war das anstrengende Mandat bei der Fremdenpolizei für mich eine große Horizonterweiterung. Die Kommission wurde später aufgehoben, weil die Wartezeiten bis zum Entscheid drastisch reduziert werden konnten. Die Richtlinien, welche ich mit meiner Kommission zur Beurteilung von Härtefällen erarbeitet hatte, wurden aber auch später noch gebraucht und auch von anderen Kanton eingesetzt.

Ich musste nun noch für ausreichende Einnahmen sorgen. Zum Glück konnte ich mir zwei finanzielle Quellen mit längerfristigem Engagement erschließen: beim Schweizer Samariterbund, der seine Aktivitäten erweitern wollte von der Nothilfe im medizinischen Bereich zur freiwilligen Sozialhilfe in den Gemeinden. Dazu brauchte es ein Konzept. Hier konnte ich aus dem Vollen schöpfen, hatte ich doch auf diesem Gebiet schon jahrelange Erfahrung.

Die zweite Quelle war neu innerhalb eines mir schon vertrauten Rahmens: Die Schweizer Krebsliga wollte ihre sozialen Beratungsstellen in der Dachorganisation besser verankern und eine Vertretung dieses Zweiges in Vorstand und Ausschuss der Dachorganisation vertreten haben. Ich hatte schon mehrmals Weiterbildungstagungen für Sozialarbeiterinnen der Krebshilfe geleitet und wurde deshalb angefragt. Neben der Vorstandstätigkeit sollten auch die Programme der verschiedenen Ligen der ganzen Schweiz in einer zentralen Kommission erarbeitet und Anliegen an den Vorstand formuliert werden. Aber ich sagte ab, denn in medizinischen Bereichen hatte ich nie gearbeitet, und ich besaß, damals noch kerngesund, keine persönlichen Erfahrungen auf diesem Gebiet. Sagt man irgendwo ab, muss man fast immer eine Alternative vorschlagen. Ich war überzeugt, die zukünftige Delegierte für Sozialarbeit müsse aus dem Arbeitsfeld der Liga stammen, es ließ sich aber niemand finden. Der damalige Vorstand der Liga galt unter den Praktikern als sehr abgehoben, man fühlte sich ihm nicht verbunden.

Um eine Bresche für die Sozialarbeit zu schlagen in diesem medizinisch dominierten Gebiet, sagte ich schließlich doch noch zu – vorübergehend, wie ich dachte. Es wurde ein jahrelanges, für mich sehr fruchtbares Engagement in einem Gebiet, das sich im Umbruch befand. Anfänglich wehte mir der Dünkel und die Arroganz gewisser Chefärzte eiskalt um die Nase. Ich war neben einer Juristin die einzige Frau in dem großen Gremium – und die einzige Nichtakademikerin unter lauter Onkologen. Aber nach und nach öffnete sich die Liga den nicht direkt schulmedizinischen Belangen der Krebskrankheit, etwa den Fragen der Lebensqualität in der Finalphase (Palliativpflege!), der Schmerztherapie und den Präventivmaßnahmen wie Ernährung. Die standesgemäßen Hierarchien wurden etwas flacher und machten neuen Formen der Zusammenarbeit Platz. Ich organisierte mehrere Weiterbildungstagungen, die interdisziplinär zusammengesetzt waren: Ärzte, Krankenpflege, Sozialarbeit – und immer einmal wieder mit Leuten aus dem uferlosen Bereich der Alternativmedizin. Kennenlernen statt sich abkapseln war meine Idee. Dank dem rührigen Engagement des Zentralsekretärs Markus

Krebsliga-Fortbildungstagung, Schloss Hünigen, 1992

Wieser konnte eine Leiterin der Sozialkommission in Vollzeit angestellt werden. Maya Andrey war so tüchtig, dass sie meine Unterstützung nach wenigen Jahren nicht mehr benötigte und ich mich zurückziehen konnte.

Ich habe sehr viel gelernt in der Krebsliga und fühlte mich menschlich und fachlich gewürdigt wie kaum je zuvor in einem Arbeitsgebiet. Besonders gern denke ich zurück an die vertieften Gespräche mit dem wissenschaftlichen Sekretär der Liga, Professor Walter Weber, ein Vollblut-Schulmediziner, aber bescheiden, sehr gescheit und aufmerksam die neuen Entwicklungen beobachtend. Es ist immer ein Gewinn, mit einem Menschen zu verkehren, der weiß, wo er steht, und der das auch begründen kann. Professor Weber ist nicht der einzige, dem ich das Prädikat «selbstlos» zuordnen würde unter all den Personen, welche von den Linken gemeinhin als «die Bonzen mit den Rieseneinkommen» abgetan werden. Aber natürlich ist noch viel zu tun, bis die Krankenpflegerinnen, Spitex-Mitarbeiterinnen, Hauspflegerinnen und die Freiwilligen im Gesundheitswesen ihres Könnens, ihres Einsatzes und ihres Gesamtbeitrages wegen so gewürdigt und gefördert werden, wie sie es verdienen. Und bis die Bonzen ihre Krone abgeben beziehungsweise darin einwilligen müssen, dass sie ihnen abgenommen wird!

Neben den beiden Mandaten liefen meine Einzel- und Gruppensupervisionen in Institutionen der Sozialarbeit, und dann immer mehr meine freien Kurse, allen voran zur Pensionierungsvorbereitung für die Stadtverwaltung Bern (zusammen mit Bruno Müller), die SBB, an Spitälern und anderswo. Dazu kamen Organisationsberatungen im Bereich der Spitex. Mit Werner Zbinden, einem, wie ich finde, besonders kreativen Organisationsberater machte ich eine originelle Beratung mit der obersten Behörde der Evangelischen Landeskirche von Hessen-Nassau in Deutschland. Konflikte in der Kirche sind etwas vom Kniffligsten und häufig auch Giftigsten, womit man als Organisationsberaterin zu tun haben kann. Ich bin daran auch mehrmals gescheitert. Aber in Frankfurt war es etwas anderes. Wir kamen von außen, und Werner, sowohl in seiner Persönlichkeit wie in seinem Lebensstil außergewöhnlich, hatte in einem Gremium, in dem vieles verkrustet und festgefahren ist, gute Chancen. Und ich war in Deutschland, wo man die Leute stärker als bei uns nach ihren Diplomen beurteilt, sowieso exotisch! Wir arbeiteten sehr gut zusammen und hatten großen Spaß bei der Arbeit. Das Gremium machte mit.

Mit meiner Freundin Marie-Louise Ries, Laufbahnberaterin und Netzwerkerin in der Frauenbewegung, habe ich viele Kurse zur Standortbestimmung von Frauen und Vorbereitung der Pensionierung durchgeführt. Das war immer sehr lustvoll! Die Zusammenarbeit mit ihr war so konfliktfrei, entspannend und innovativ, wie ich es auf beruflicher Ebene nie schöner erlebt habe.

Ich sehe uns in ihrem schönen Ferienhaus hoch über dem Lago Maggiore mit großen Papierbögen einen Kurs konzipieren und dazwischen im Garten verschwinden, um in ihrem hinreißenden Kräuterparadies die nötigen Zutaten fürs Mittagessen zu holen. Später lagen wir mit den Teilnehmerinnen auf dem Bauch im Gras und malten unser Lebenspanorama, es gab Gespräche bis tief in die Nacht hinein. Mit Marie-Louise und Ilse Truninger zusammen gründeten wir die Zürcher «Impulstagungen für Frauen zwischen 49 und 99». Diese finden einmal pro Jahr statt und versammeln jeweils über hundert Frauen, die sich mit den Themen ihres Lebensabschnitts befassen. Marie-Louise war die Treibkraft, ich stieg nach einigen Jahren wieder aus. (Sobald etwas etabliert ist, beginnt mein Interesse leider nachzulassen.) Außerdem habe ich mir die Tagungen politischer gewünscht, was aber nicht auf genügend Gegenliebe stieß. Selbsterfahrung und Kontaktpflege steht im Vordergrund. Aber Kontaktnetze werden ja immer wichtiger, darum begleite ich die Tagungen bis heute mit Wohlwollen und gelegentlichen Beiträgen. Heuer findet die 16. ganztägige Tagung statt, wie immer ehrenamtlich organisiert und geleitet. Von den Veranstaltungen sind zahlreiche Impulse ausgegangen, weitere Netzwerke entstanden und Anregungen für die politische Arbeit. Vor allem sind viele Freundschaften geknüpft worden oder erhalten sich durch das jährliche Wiedersehen: immer im November …

Im Mittelpunkt meiner Daseinsfreude während der Jahre des langsam nahenden Alters stand neben Sergio immer der Stern von Poschiavo. Die grenzenlose Stille und Weite dieser Landschaft lud mich ein, den Faltenwurf meines Lebens zu schütteln und aufzuschreiben, was sich darin verborgen hält. Schreiben ohne Vorgabe, hinaustreten ins freie Feld der Gedanken, sich ihnen anvertrauen, glauben, dass sie ein Schreibprojekt tragen und vollenden können, auch wenn ich zu Beginn nicht weiß, wo es endet. Man kann sich mit niemandem besprechen, man muss alles selber wissen. Mit der Verzweiflung, den Blockaden steht man alleine da. Die Umgebung schüttelt gutmütig den Kopf: Warum musst du denn schreiben? Aber Poschiavo schenkte mir stets von Neuem die Gewissheit, dass es gehen muss.

Mein erstes Buch, der Roman *Das gefrorene Meer*, war allerdings eine Knorzerei ohnegleichen. Alles in allem dauerte es zehn Jahre, bis es druckreif war. Ich fing noch in den Jahren an der Schule für Sozialarbeit damit an, sperrte das Projekt aber immer wieder weg. Erst nach Beendigung des Buches über Hanni Schilt nahm ich die Manuskripte wieder hervor, erstellte verschiedene Fassungen meiner Kindheitsgeschichte – zuerst sollte es ein Vaterroman mit dem Titel *Die Kabinette meines Vaters* werden – , dann holte ich weiter aus und wollte eine Familiensage verfassen. Mit beidem bin ich gescheitert, und erst in der letzten Fassung gelangte ich zur Einsicht, dass es am ehrlichsten sei, mich selbst in den Mittelpunkt meines Kindheitsromans zu stellen. Die Schriftstellerin Maya Beutler gab mir wichtige Ermutigung, zog sich aber dann zurück. Ich beging den

An der Impulstagung in Zürich mit der Künstlerin Manon, 2005

Fehler, Manuskriptteile verehrten Personen unter meinen Frauenfreundschaften zu zeigen. Als Ergebnis wurde mir abgeraten und nochmals abgeraten! Mir fehle das Zeug zur Romanschriftstellerin, ich sei doch nun eine anerkannte Fachkraft der Sozialarbeit, ob ich es nicht dabei bewenden lassen könne?

Eines Tages war genug herumgeflickt und geändert, ich sah ein, dass das Geschreibsel nur noch schlechter werden könne. Und ich fand meinen Boden, schrieb das Ganze in einem Zug hin, und meine Schwester Therese tippte es ab.

Mit meiner Schwester hatte ich abgemacht, dass sie sich inhaltlich nicht einmischte, sondern nur sprachliche und orthographische Korrekturen vorschlagen sollte. Kapitel um Kapitel wurde anschließend laut vorgelesen. Wir saßen am Tisch einander gegenüber, und der Text tönte zwischen unsere aufmerksam zuhörenden Gesichter. Sehr gut. Durch dieses Prozedere wurde mir noch vieles klar. Dem standzuhalten war für meine Schwester nicht einfach.

Und dann ging's ans Suchen des Verlages. Da hatte ich eine gute Hand. Ich ließ mich von niemandem bereden, auch nicht von der Behauptung, ohne eine Lobby oder Beziehungen finde man sowieso keinen Verlag. Ich hatte mich bisher ohne jede Lobby durchs Leben gebracht und hoffte, es könne weiterhin so bleiben, denn Lobbying macht abhängig. Ich pilgerte nach Bern in die Buchhandlung Stauffacher. Dort gibt es eine eigene Bücherwand für die Schweizer Literatur. An dem stillen Vormittag stellte ich mich vor die Wand und nahm mir vor, Verlag um Verlag an mir vorüberziehen zu lassen und darauf zu achten, wo mein Inneres «anschlug». Die Probe gab ein eindeutiges Resultat. Ich landete bei dem kleinen Pendo Verlag. Dort spürte ich eine Konzentration von Lieblingsautoren auf: Dom Helder Camara, Peter Noll, Peter Lotar, Joseph Weizenbaum, ein eindeutiges sozialethisches Programm, aber nicht ideologisch, sondern getragen von einem weiten Atem. Ich hatte keine Ahnung, wer hinter dem Namen Pendo stand, aber ich wusste: Das war mein Verlag, und selbstbewusst schickte ich mein Manuskript dorthin. Keine vierzehn Tage später hatte ich die Verlegerin Gladys Weigner am Telefon: Mein Buch liege auf ihrem Schreibtisch, sie habe es gelesen und fahre jeden Tag mit der Hand darüber, sie möge es, die kleine Hauptperson des Romans

Buchpremiere *Das gefrorene Meer*, mit Marga Bührig, Paulus-Akademie, 1999

sei kein Opfer – und der Roman scheine ihr glaubwürdig. Was für ein Glück!

Zwei Monate später lernte ich die Verleger Gladys Weigner und Bernhard Moosbrugger kennen, damals schon ältere Leute, die diesen kleinen Verlag aufgezogen hatten, weil sie etwas für den Frieden und die Gerechtigkeit in der Welt tun wollten. Sofort waren wir in die intensivsten Gespräche über Gott und die Welt verwickelt, entdeckten gemeinsame Bekannte und verstanden uns prächtig. Ich war überglücklich. Aber nach einigen Monaten las ich in der Zeitung, der Pendo Verlag sei nach Deutschland verkauft worden! Ich hängte mich sofort ans Telefon, in Zürich jedoch nahm niemand ab, auch in den folgenden Tagen und Wochen nicht. Der Verlag schien vom Erdboden verschluckt. Eines Tages erhielt ich dann einen Brief

Solothurner Literaturtage, mit Judith Hermann, 1999

des Pendo Verlags, allerdings mit einer neuen Zürcher Adresse. Sie sei die neue Geschäftsführerin, schrieb die Absenderin und habe aus dem Wust von Manuskripten der früheren Verleger ein einziges zur Weiterbearbeitung herausgezogen: meins! Katrin Eckert war die Geburtshelferin meines ersten Romans und blieb mir treu für drei weitere Bücher, hielt zu mir durch dick und dünn, obwohl der Verlag in diesen Jahren eine wilde Berg- und Talfahrt durchmachte. Katrin Eckert ist heute die Intendantin des Literaturhauses Basel. Wir hängen aneinander, und ihr untrüglicher Instinkt für Qualität ist mir Maßstab geblieben. Mit meinem jüngsten Buch habe ich den Verlag gewechselt, obwohl Katrin mir angeboten hatte, im Einvernehmen mit Dirk Vaihinger nochmals das Lektorat zu übernehmen. Ich war hin- und hergerissen, wir beide sind uns aber inzwischen sicher, dass es gut ist, mich voll und ganz dem neuen Verlag anzuvertrauen. Ich bin bei Dirk

Literaturclub, SF 1, mit Ueli Mäder, Gabriele von Arnim, Peter Hamm (v. l.), 1999

Vaihinger gut aufgehoben – und Wechsel bedeutet für mich immer einen neuen Kick!

Meine Bücher werden gelesen. Sergio und ich fahren mit dem Zug durchs Land, und überall grüßen uns Orte, in denen wir mit unseren Büchern aufgetreten sind, neue Bekanntschaften und sogar Freundschaften gefunden haben. Ich stelle fest, dass ich mit meinen Büchern in den Lesern eigene Erinnerungen heraufhole und sie zu eigener Auseinandersetzung mit dem Leben ermuntere. Immer wieder spricht mich jemand an, zitiert einen Satz, schildert einen Eindruck.

Fleißig habe ich in der Zeit nach der Pensionierung sieben Werke verfasst. Damit können Sergio und ich uns eine große, sehr gut gelegene Mietwohnung im reizvollen Biel und ein GA leisten. Aber was noch mehr zählt: Ich bin in meinen Büchern zu einem authentischen Ausdruck dessen gekommen, was in mir ist und was ich anstrebe. Ich bin

Sergio Giovannelli beim Signieren seines Buchs *Va pensiero*, 2007

mit meiner großen Leserschaft verbunden, die die Themen weiterspinnt. Oft höre ich von Dingen, die in meinen Büchern stehen sollen, in Wirklichkeit aber der Phantasie der Lesenden entschlüpft sind. Das gefällt mir.

Eines Tages im Jahr 2005, er war frisch pensioniert, kam Sergio eines Morgens aus seinem Bastelraum und sagte: «Ich schreibe jetzt mein Leben auf!» Ich war vollkommen überrascht. Aber Sergio muss sein Leben fortwährend innerlich geordnet haben: Er, der kaum Schulen besucht hat, schrieb mit der ihm eigenen Konzentration und Disziplin das Leben auf, wie er es erlebt hat, ohne jede Beschönigung – und auch, ohne mich je zu Rate zu ziehen. Entstanden ist ein Gemälde, das weit über ein Einzelschicksal hinausgeht, das die Grundmusik des Lebens er-

Gemeinsame Lesung von Judith und Sergio, 2011

zählt. Sergio schrieb das Buch auf Italienisch. Es gelang aber nicht, dafür einen Verlag zu finden, weder in der Schweiz noch in Italien. Da dachten wir an eine Übersetzung ins Deutsche – und da es mit Übersetzungen so eine Sache ist und Sergio einen ganz eigenen, liebenswürdigen Sprachduktus hat, riet ich ihm, es selbst in sein (unvollkommenes) Deutsch zu übertragen. Er traute mir zu, dass ich anschließend die notwendigen Korrekturen anbringe. Es war eine Herkulesarbeit, denn Sergio hat ein überaus feines Gehör für Sprachen und vernimmt auch die Herztöne darin. Oft, wenn ich ein von ihm selbst erfundenes Wort in ein gebräuchliches übersetzen wollte, widersprach er: «Das ist kein schönes Wort, weißt du kein besseres?» Und wir suchten nach Synonymen, bis wir es hatten.

Aber mir fiel auch auf, dass Sergio hauptsächlich Fakten und viel, sehr viel politisches Wissen und geschichtliche Zusammenhänge rund um sein Leben erwähnte, aber kaum auf sein inneres persönliches Leben einging. Das entsprach seiner sozialistischen Bildung: Das Persönliche war nicht interessant, es galt das Übergeordnete, die Auseinandersetzung mit den Strukturen, der politischen Macht und der Religion, welche das Individuum unterdrückten und verformten. Ich fing nun aber an zu fragen, was Sergio bei diesem und jenem Ereignis persönlich empfunden habe. Dadurch wurde die deutsche Fassung viel umfangreicher. Am Ende hatten wir Glück, durch die Vermittlung meiner Freundin Esther Burkhart im Verlag Edition 8, der vom Zürcher Theo Pinkus gegründeten Stiftung für Arbeitergeschichte, Profis zu finden, die das Manuskript tadellos zum Buch formten, allerdings nicht in der Fassung, die ich redigiert hatte und die viele von Sergios liebevollen sprachlichen Eigenheiten beibehielt, sondern in einer regulären deutschen Schreibkultur, derer sich die von Sergio gewählte Germanistin Lisa Briner aufopfernd angenommen hatte.

Nach guten Rezensionen und erfreulichem Leserecho ist nun das Buch rückübersetzt in Italien unter dem Titel *Controcorrente* erschienen. Darüber freue ich mich ganz besonders, auch für die noch in der Schweiz lebenden alten Italiener und ihre Kinder. Secondos überragen ihre Eltern oft weit an Bildung und erreichtem Status; die Verständigung zwischen den Generationen ist aber oft nicht einfach, weil die Eltern gezwungen waren, als Emigranten ihre Kindheit und Jugend zu verdrängen.

Durch das Buch hat Sergio, der oft Übergangene, Übersehene, eine eigene Identität bekommen, auch nach außen.

Er ist nicht mehr nur der «Fremdarbeiter», auch nicht mehr nur der Mann von ... Man erlebt eine Persönlichkeit mit aufrechtem Gang, die der Welt Paroli bietet und etwas zu sagen hat, was auf dem eigenen Mist gewachsen und glaubwürdig ist.

Wie ging es denn dir dabei?

Sergio hat ihr soeben den Text über das katholische Kinderheim diktiert: über hundert Kinder unter dem Diktat von Nonnen, welche an nichts anderes dachten als die Erfüllung des Diktats der männlichen Kirchenoberen. Kinder als Personen existierten nicht, Kinder hatten wie Dinge zu funktionieren, damit die Ziele einer grausamen Kirche erreicht werden konnten. Dass Kinder auch Empfindungen, eine Seele hatten, schien hier unbekannt. «Erinnerst du dich an die Filme von Fellini?», fragte er. «Wie darin immer, wenn hochgestellte Persönlichkeiten in der Stadt verstarben, einige Nonnen mit ihren Flügelhauben im Trauerzug mitgingen und eine Schar Kinder, alle in Pelerinen mit Kapuzen, hinter sich herzogen? Kinder, welche die Grablegung der Potentaten als Symbol ihrer Macht dekorieren sollten. Für die geheuchelte Dankbarkeit gegenüber den Reichen und Mächtigen erhoffte sich die Kirche im Gegenzug ein Legat. Diese Prozessionen fanden mehrmals im Jahr statt – drei Monate lang mussten wir im Heim kniend Fürbitte-Gebete für die Verstorbenen leiern, wir selber waren nichts, ich weiß nicht, ob die Nonnen überhaupt unsere Namen kannten, und wenn wir nicht funktionierten, gab es Sanktionen» – und er hieb mit der Hand durch die Luft. Sie wusste, dass Sergio bestens instruiert war über die Machenschaften der Kirche, aber sie wollte es nun genau wissen. «Was hast du persönlich für Sanktionen erlebt?», fragte sie teilnehmend. «Spinnst du», fuhr er auf, «ich war damals fünf Jahre alt, ich kann mich doch nicht mehr erinnern.» Warum ist er denn so aufgeregt, wenn ich so was wissen will?, fragte sie sich im Stillen – aber sie wechselte das Thema. Sie wusste ja, dass Sergio oft rasch und grundlos aufbrauste, sie anfuhr, selbst wenn Gäste da waren. Anfänglich war dies nicht leicht für sie, aber dann dachte sie, wenn ihre wohlerzogenen Gäste einander verstohlene Blicke zuwarfen: Ihr seid nicht besser, ihr zeigt es nur nicht.

Als sie am Ende dieses Tages nebeneinander im Bett lagen, fing Sergio leise davon an, was sie für Bräuche gehabt hätten im Kinderheim. Oft sei ihm die Brotration, schon karg genug, gestrichen worden, weil er nicht schnell genug im Gänsemarsch mitgegangen sei. Wegen seinem durch Unterernährung geschwächten Körper konnte er nicht mithalten. An Sonntagen, wenn die andern den Spaziergang machten, musste er mehrmals im Haus zurückbleiben, angeblich, weil seine Mutter versprochen hätte, ihn zu besuchen. Sie kam aber nicht, nie – der Bub wusste: Das war nicht wahr, das war eine Ausrede, seine Mutter hätte ihm nie versprochen, vorbeizukommen und ihn dann einfach sitzen gelassen. Aber mutterseelenallein im Haus auf die Rückkehr der andern zu warten, war nicht angenehm. Die Kinder plagten einander zwar auch, aber allein in diesen Wänden, ohne einen Ton! Und nachts die Bomben: La Spezia, die Kriegshafenstadt, wurde oft bombardiert. «Ich höre noch immer das sirrende Geräusch, wenn die Bomben fielen, das Haus zitterte, ich hatte das Gefühl, dass jeden Moment die Decke über mir zusammenbricht. Aus Angst machte ich ins Bett. Zur Strafe musste ich dann zwei Stunden auf dem Boden knien, den man mit Erbsen bestreut hatte, damit sie tüchtig ins Fleisch schnitten. Meinen Bruder haben sie in den Ofen gesperrt», fuhr Sergio noch leiser fort, «der hat bis heute eine Phobie vor Tunnels – wenn du denkst: in den Ofen, wo man normalerweise die Holzwellen hineinschiebt und anzündet – und nun hockst du da drin im Finstern und weißt nicht, ob nicht plötzlich die Tür aufgemacht wird und jemand Holz hineinschiebt, anzündet – und du hockst mit drin.» Der Bruder, vor Jahrzehnten nach New York ausgewandert, kommt heftig ins Zittern, wenn er davon erzählt. Dann verdächtigt er sich selbst, nicht normal zu sein. «Der ist vollkommen normal, aber total pervers waren diese Frauen und Vorgesetzten», sagt Judith laut, «Das muss aufhören, dass man sich schämt für Dinge, die andere einem antaten! Bestimmt hat dein nächtliches Aufschrecken aus dem Schlaf auch mit diesen Erinnerungen zu tun.» – «Hör auf, hör auf», schreit Sergio da, fährt aus dem Bett, hält sich die Ohren zu und flüchtet unter Türenschlagen in sein Büro.

Sie bleibt zurück. «Ich bin immer zu schnell, ich weiß es, ich weiß es doch», schluchzt sie und trommelt mit den Fäusten auf ihr Kissen. «Warum mache ich immer wieder diesen Fehler? Traumatische Erfahrungen der Kindheit ertragen es fast nicht, ans Tageslicht zu kommen, ich weiß es doch ...»

«Gegen so was hilft aber auch keine sozialistische Theorie», spricht sie sich nun selber zu. «Du hast recht, diese sozialistischen Trommelgänge waren auch vergewaltigend, man wurde auf eine Art auch ausgenutzt», würde er ihr später sagen.

«Immer dieses Leiden», stöhnt sie. Nun ist sie schon so lange verheiratet, und nie verschwinden diese Spuren von erlittener Gewalt, immer tauchen sie wieder auf. Bei Sergio wie bei ihr. Einige Zeit später, beinahe am Einschlafen, spürt sie die Wärme von Sergios Körper neben sich. Er ist zurückgekommen. Sie schmiegen sich aneinander. Sie wissen, sie wollen diesen Weg miteinander gehen, es ist eine Illusion, zu meinen, man könne die Vergangenheit wegblasen, aber reden und schreiben wollen sie davon, um wenn möglich andern eine Erleichterung, Aufklärung und Ermutigung zu geben. Und politisch auf der Seite derjenigen stehen, die keine Stimme haben und vergessen werden.

11. In der Gegenwart leben, zurückblicken, vorausschauen

Heute, im Sommer 2011, hat sich mein Leben im Verlauf von zwei Jahren recht verändert. Wenigstens empfinde ich es so. Ich bin vom autonomen Alter ins fragile Alter vorgerückt. Ich gehe am Stock, muss auf vieles verzichten, was früher selbstverständlich war, habe einen Hörschaden (Hörsturz und Schwerhörigkeit), der mir die Verständigung sehr erschwert, kurz: Die körperliche Befindlichkeit beherrscht die täglichen Abläufe. Nachdem mein Körper mehr als sieben Jahrzehnte mein geistiges und seelisches Wollen klaglos unterstützt hat, setzt er jetzt klare Grenzen. Ich finde mich nicht leicht damit ab. Sorgloses Flanieren in Städten, einfach losziehen, wenn das Wetter danach ist, geselliges Zusammensein genießen, auch wenn es laut zu- und hergeht, all das ist vorbei. Die Gesundheit muss täglich sorgfältig flattiert und gepflegt werden, das nimmt viel Zeit des Alltags weg (die mich reut!), die Kräfte müssen vernünftig eingeteilt werden. Oft liegen Einladungen von lieben Menschen oder zu Veranstaltungen auf meinem Schreibtisch, ich habe die Daten vielleicht sogar in meine Agenda eingetragen, aber wenn es soweit ist, muss ich mit Rücksicht auf meine gesundheitliche Verfassung absagen. Das ist eine herausfordernde neue Lebensschule, denn einfach auf alles zu verzichten, wäre ebenso töricht («Sich schonen bringt gar nichts!», sagt die fortschrittlich gesinnte Gerontologie). Wer rastet, der rostet, erfahre ich täglich, wenn ich nicht mit Konzentration mein lahmendes Bein trainiere, aber ich weiß auch, dass ich nur beim Arzt und den Pillen lande, wenn ich übertreibe oder nachlässig werde.

Ich bin ins hintere Glied gerutscht. Was die meisten Menschen unternehmen, kommt für mich nicht mehr in Frage. Damit bin ich außerhalb des Rahmens unserer lebensgeilen Gesellschaft gesetzt, abseits auch von vielen Altersaposteln, die frohlocken: «Wir leben ewig, Viagra, Schönheitschirurgie, Training und Kosmetik machen es möglich!»

Ich pilgere oft mit meinem Stock den altvertrauten Weg zum Bahnhof, setze mich dort in ein Straßencafé und beobachte die Passanten – ohne Zeitdruck und so lange ich will! Das ist für mich wie Ferien! Aber mein Blick ist ein anderer geworden. All die vorbeischlurfenden Alten mit Rollator, die vor sich hin murmelnden oder leicht verwirrten Gestalten, die Greise am Stammtisch (alles Männer – die Frauen sind weiter vorn in der Confiserie), ich betrachte sie nicht mehr von außen, sondern fühle mich als Teil dieser Gruppe, deren Gesundheit kostbar geworden ist und die sich in die Langsamkeit täglich neu einübt. Aus der Gegenwart zum großen Teil herausgefallen, leben wir in der Vergangenheit und mit Zeitgenossen, die sie mit uns teilten. Auch wenn wir täglich andere Bilder vorgeführt bekommen – Senioren, die das Internet bedienen und dabei ihren Horizont erweitern, alte Herrschaften, die Kontinente bereisen und zwischen ihren verschiedenen Wohnorten hin- und herpendeln –, sind die meisten von uns doch die andern, die mehr und mehr zurückbleiben. Das Leiden des Alters ist nicht verschwunden, es ist nur durch medizinische Fortschritte und einen Wandel in der Pflege gemildert – und um viele Jahre hinausgeschoben.

In der Phase des Zurücksteckens stehe ich jetzt. Aber

diese neue Lebensschule ist auch spannend – es stimmt nicht, dass man nichts mehr geben könne, nur weil man schlecht hört und weniger rasch vorwärts kommt! Ich verschweige meine Schwerhörigkeit nicht, obwohl mein Mann mich immer mahnt, ich solle es überspielen, weil ich sonst nicht mehr ernstgenommen werde! Ja, genau, *deswegen rede und schreibe ich ja davon*: Es ist sehr rücksichtslos gegenüber einem Großteil der stets zunehmenden älteren Bevölkerung, dass es kaum mehr einen ruhigen Ort gibt, wo man sich verständigen kann!

Und dann gibt es Neuentdeckungen wie in jedem Abschnitt des Lebens: Allmählich wird die unmittelbare Gegenwart innerhalb des kleineren Horizonts, das täglich heutige Erleben zum Mittelpunkt, denn wer weiß, ob das Morgen noch stattfindet. Aber heute ist ein unwahrscheinlich schöner Tag. Sergio und ich wechseln von einem Balkon zum andern, zeigen einander die geöffneten Blüten, die Wolkentürme am Himmel, pilgern ins nahe Elfenau-Pärkli oder an den See, haben unsern großen Spaß an den Kindern, die das Leben freudig ausprobieren, schauen den Spatzen zu, dem Pfau, den Schwänen: Alles ist interessant, und man hat es früher gar nicht so genau erkannt, was für Geheimnisse einem da aufgehen im Pflanzen- und Tierleben rund um uns. Das Schönste ist: Heute geht es uns gut, heute haben wir prima geschlafen, morgen ist es vielleicht wieder anders, aber das Heute müssen wir nutzen. Gehen wir ins Kino, ein Stück mit dem Schiff (nicht zu weit – alles zu laut und zu viel Wind, aber doch ein bisschen …)? Oder mit dem Bähnchen hinauf nach Magglingen? Und siehe da: Der Alpenkranz ist uns zu Ehren vollständig versammelt, die Sicht ist klar wie selten … Jeder gute Tag wird dankbar ausgekostet.

Immer noch gebraucht zu werden und Menschen zu kennen, die einen nicht vergessen: Diese süße Creme soll man auf die Bitterkeit des Alters gießen! Bei mir sind es die Lesungen aus meinen Büchern, zu denen ich nach wie vor imstande bin, dazu die Vorträge zum Thema hohes Alter, auch die Situation und das Selbstverständnis von Pflegenden in Alters- und Pflegeheimen, den Angehörigen der Spitex – davon will ich nicht lassen. «Getraut euch, ungehorsam zu sein!», rief ich neulich Menschen in der Pflege zu, die unter dem sinnlosen Aufwand an Administration stöhnen, dem ständigen Verbessern der «Sicherheit» im stationären Bereich, die zu Lasten der Betreuungszeit geht.

Vergnügen bereiten mir meine regelmäßigen Büchervorstellungen im Lyceum-Club Biel. Drei- bis viermal pro Jahr gibt es eine Bücherrunde, an der ich literarische Neuerscheinungen oder Lieblingsbücher vorstelle. Schön ist es, andere zum Lesen anzustiften! Das hält mich auch selbst am Lesen.

Politisch äußere ich mich kaum mehr öffentlich: Es ist fast unmöglich, etwa zu einer Abstimmung sachlich etwas vorzutragen, ohne dass es unter dem Titel «Die Schwester von ...» erscheint, obwohl der Text nicht das Geringste mit meiner Verwandtschaft zu tun hat. Die Presse kann einfach auf die primitive Verdächtigung nicht verzichten, dass ich mit meinem Votum meinem Bruder eins auswischen wolle.

Mit Vergnügen habe ich dennoch im vergangenen Winter an einem Großanlass im Zürcher Kongresshaus teilgenommen, um auf dem Podium für die Neulancierung einer Kampagne für das bedingungslose Grundeinkommen zu werben. Schon vor hundert Jahren hat der von mir verehrte Sozialpsychologe und Philosoph Erich Fromm dafür plädiert, aber noch immer scheint diese Idee für viele barer Unsinn zu sein. Tief sitzt die Überzeugung, der Mensch arbeite nur unter dem Druck seiner Existenzsicherung. Neben dem Arbeitslohn ist es in der Wohlstandsgesellschaft längst auch die Verpflichtung auf AHV und Pension, welche die Leute bei der Stange hält. Die wie in Stein gemeißelte Drei-Säulen-Theorie ist der Grund dafür, dass viele Menschen wie Arbeitssklaven ihr Plansoll ein volles Leben lang absitzen, obwohl sie von etwas anderem träumen. Und alle, die aus dieser Fron ausscheren, haben das Nachsehen, weil sie für ihre kreative oder karitative Arbeit, ihren Sozialeinsatz ungeheure Nachteile in Kauf nehmen müssen. Eine Wohlstandsgesellschaft könnte sich lebensfreundlichere Modelle der Arbeit leisten, eben zum Beispiel mit einem Grundeinkommen für jeden. Der riesige Aufwand, den die öffentliche Hand für Fürsorge, Renten und Versicherungen, ständige Kontrollen und vieles mehr betreibt, womit deren Nutznießer auch gedemütigt und in ihrer Eigeninitiative gebremst werden, würde größtenteils wegfallen. Auf das Grundeinkommen könnte zum Beispiel ein invalider Mensch, je nach Befinden, Aktivitäten aufbauen, die seine Finanzlage verbessern, soziale Initiativen, künstlerisches Engagement aufbauen. Das ist bei unserem gegenwärtigen verkrusteten Sozialsystem nicht möglich. Wenn man dem Menschen eine Grundlage, einen Sockel zur Verfügung stellt, der knapp seine Existenz sichert, wird manch einer, der heute als ausgebrannt, unmotiviert, psychisch krank, als Schmarotzer gilt, Freude an seinem Leben, an seinen Fähigkeiten, an den Mitmenschen entdecken und daraus etwas machen, sobald die Barrieren eines überentwickelten Ordnungssystems ihn nicht mehr daran hindern.

Wenn mein Buch erscheint, werden in der Schweiz bereits die Unterschriften für eine entsprechende Gesetzesinitiative gesammelt. Natürlich ist mit mehrmaliger Ablehnung der Vorlage zu rechnen, aber wie beim Frauenstimmrecht wird vielleicht nach dreißig Jahren der Vorstoß plötzlich Wirklichkeit ...

Das Aktivsein im höheren Alter macht großen Spaß, aber ich muss neu lernen, selbst Hilfe anzunehmen. Ich kann gar nicht hoch genug einschätzen, wie wichtig es für mich ist, dass andere meine Unsicherheiten beachten, Rücksicht nehmen, Hilfe anbieten und ich darum bitten und Hilfe annehmen kann. Wenn ich irgendwo in den Zug einsteige, hilft es mir schon, wenn mir jemand verständnisvoll zulächelt und Geduld hat mit meiner Langsamkeit. Ich verbiete mir, immer zu sagen: «Es gaht scho!» Sehr oft holen mich Nachbarinnen mit dem Auto ab, damit ich eine Veranstaltung besuchen kann. Es geht nicht nur um praktische Handreichung, immer öfter brauche ich Menschen, die mir helfen, mich in der «neuen Welt» zurechtzufinden, im Internet, am Billet-Automaten, Menschen, die ich fragen kann, was der Lautsprecher im Bahnhof gerade verkündet hat. In einer Welt der ständigen Veränderung, der Umstellung von Lebensgewohnheiten und Prioritäten ist es nicht einfach, mitzukommen. Perfektionisten mit strammer Selbstdisziplin, die ihre hohen Ansprüche an sich selbst bis ans Ende ihrer Tage beibehalten wollen, haben es im Alter nicht leicht (und ihre Angehörigen manchmal auch nicht); einfacher ist es, über eigenes Ungeschick lachen zu können, Verluste zu akzeptieren und es damit andern zu erleichtern, einem beizuspringen.

Ich stelle schon fest, dass ich mehr und mehr loslasse. Das erzeugt zwar ein wenig Wehmut, aber es macht leicht, erstaunlich wunderbar leicht und tröstlich! Eine neue Daseinslust, dieses Leben mit viel weniger Gepäck! Warum habe ich nur immer soviel mit mir herumgeschleppt, frage ich mich heute kopfschüttelnd.

Auch das höhere Alter ist schön. Hand in Hand gehen mein Mann und ich über die Erde – und wissen, dass wir dabei Spuren hinterlassen. Wir erfahren es täglich. Zu diesen bewussten und unbewussten Spuren wollen wir stehen, obwohl wir nicht wissen, ob und zu was sie gut sind. Unsere Aufgabe ist es einfach, unverzagt den Fuß in den Sand zu setzen. Selbst wenn wir dereinst im Pflegeheim unser Leben ausatmen sollten: Auch dieser letzte Akt wird eine Spur setzen, wer weiß, ob nicht jemand etwas für sich davon mitnimmt. Das sage ich aus Erfahrung.

Menschen geben einander den Stafettenstab in die Hand. Es ist gut, wenn wir uns dessen bewusst sind und von daher unsern Daseinszweck begründen. Einige sind Anführer in der Kette, andere reihen sich ein, einige begleiten und befruchten sie als Einzelgänger, die für das Ganze denken. Damit die Liebe als Ursprung alles Lebendigen nicht stirbt. Auch mit dem Tod ist nicht alles aus. Denn am Schluss machen wir Platz für die, die nach uns kommen.

«Das Alte kann nicht leben ohne das Neue und das Neue nicht ohne das Alte», sagte 2011 der Indianerhäuptling Almir im brasilianischen Regenwald, wenn er nicht gerade bei Google eine Information abholt oder in Nyon am Genfersee im Bogenschießen brilliert.

Der vor zwei Jahren in Bern verstorbene Mundartdichter Fritz Widmer dichtete in seinen letzten Versen: «Was ufhört, isch nid fertig, s gseht mängisch zwar so uus, es Läbe blybt es Läbe, bis zletscht und drüberuus, u ou we üsi Stimme jetzt nümm so heiter klinge: es chöme nöji nache, wo nöji Lieder singe.»

Ich verbeuge mich vor allem Lebendigen in und um uns, dem unsere Liebe, unsere Sorgfalt und unsere staunende Bewunderung lebenslang gelten soll.

Nie leuchtet der See schöner

Die Sonne nähert sich dem Horizont, bald wird sie im «Burgunderloch» verschwinden, aber vorher legt sie noch eine breite Leuchtspur aufs Wasser des Bielersees.

Hand in Hand sitzen sie auf ihrem Bänklein am Ufer, nur ein paar Schritte von ihrer Wohnung entfernt. Keine zehn Minuten vorher hatten sie aber noch einen Disput: «Ich brauche morgen die Küche für mich: Orangenkonfitüre!», hatte Sergio kategorisch erklärt. Sie wusste, das verhieß einen Großkampftag, am Abend würden alle Türklinken und Abstellflächen klebrig sein, denn zwanzig Gläser von seiner unnachahmlichen Spezialität mussten abgefüllt werden, damit sie an sämtliche Nachbarn und Freunde verschenkt werden konnten. «Gut, ich fahre nach Zürich, zu meinem Wollgeschäft, will mir eine Jacke stricken.» – «Um Gottes willen», er hält sich die Ohren zu, «brauchst du wahrhaftig nochmals eine Jacke? Aber schau wenigstens, dass du nicht zu viel kaufst, wir haben schon ganze Säcke voller Wollreste im Keller!»

Sie wusste aber schon, was sie tat. Bald würde ihr großes Buchprojekt beendet sein, dann drohte die Gefahr, in ein Loch zu fallen. An einem Wollfaden strickend alles zu bedenken, war dann immer hilfreich.

Aber jetzt sind sie wieder im Einklang. Sie haben sich abgewöhnt, draußen viel zu reden, die Schwerhörigkeit gestattet ihnen den inneren Dialog. Sie vermutet, er weile mit seinen Gedanken am Meer seiner Jugend, in Porto Fino vielleicht, wo er als Kofferträger in einem Nobelhotel sein erstes Geld verdiente, aber abends an den verlassenen Strand geschlichen war, Gedichten nachhing und den Wellen zuhörte. Wie oft hat er ihr davon erzählt! Doch er schüttelt den Kopf. «Nein, ich denke jetzt gerade an das Meer in der Bretagne, weißt du noch, Ebbe und Flut, wie uns das Eindruck machte, dieser ständige Wechsel!»

Ebbe und Flut, Ebbe und Flut, mir scheint, das gleicht der Bewegung des Lebens selbst, seinem Gesang. Sie erinnert sich. Ebbe: Greulich war das, ausgespült und bloßgestellt, die ganze Scham hatte das Wasser seinem Boden abgezogen, Möwen grübelten im Schlamm, Büchsen und anderer Abfall lagen herum. Und dann rauschte es wieder heran, das alles belebende Wasser, konnte aber auch anschwellen im Sturm, tosend an die Kaimauern schlagen und die Häuser bedrohen, Schiffe zum Tanzen bringen, die Menschen mit seiner Gewalt das Fürchten lehren.

Ja, das Leben schüttelt uns hin und her, man meint zwar, dass man es steuert, aber vielleicht wird man gesteuert, lächelt sie vor sich hin.

Eine Entenmutter mit fünf Jungen biegt um die Ecke. Langsam paddeln sie vorüber. Ihr fällt eine Abendstimmung an der Expo 02 ein, so wunderbar wie heute – er drückt ihren Arm zum Zeichen, dass er weiß, an was sie sich erinnert –, das war doch einfach eine phantastische Stimmung hier am See an jenem Abend, ein kurzer Moment Weltversöhnung, die Menschen, von herrlicher Musik empfangen und vom Sonnenuntergang in die Arme genommen, strahlten einander an, als wären alle Grenzen aufgehoben in einem gemeinsamen Gefühl der Freude und Hoffnung. Der Augenblick einer verzauberten Welt, wo Utopien Wirklichkeit zu werden schienen, Phantasiebauten im Wasser standen, eine Frau sich in einem Wasserbett suhlte und ihre geheimen Wünsche den Wellen übergab, die Maschine von Harald Szeemann alles Geld zerschnetzelte, Zauberer und Feen auf Stelzen übers Geländer wandelten, nach allen Seiten grüßten und ihre Friedensflöte bliesen. Sie erinnert sich, dass ganz in ihrer Nähe eine Familie gestanden hatte, wie eine Statue zusammengewachsen: Vater, Mutter mit Kopftuch, Kinder in die Falten ihrer Röcke geschmiegt. Als dann zu Ehren des 1. Augusts ein Feuerwerk in den Himmel stieg, hatte die Kurdin sie angelächelt, scheu und stolz zugleich. Nie hatte Judith das erlebt, kein einziges Mal, immer war sie es gewesen, die als Erste Augenkontakt zu Fremden aufgenommen und mit einem Lächeln begleitet hatte, das häufig nicht einmal erwidert wurde. Aber dieser Abend hatte eine völkerverbindende Kraft der Freude, die Grenzen sprengte. «Ja», nickt Sergio, «dann bist du auf die Frau zugegangen.» – «Reden konnten wir kaum», fährt sie fort. «Aber wir haben uns an den Händen genommen, in die Augen geschaut und entdeckt, dass sich das Gleiche darin spiegelt: das Erlebnis der Zusammengehörigkeit im Menschsein. Ich kann diesen Augenblick nie mehr vergessen, auch wenn ich die Frau nicht wiedergesehen habe. Das tiefe Wissen: Wir gehören zusammen, wir brauchen einander, die Welt ist schön.»

Das Wasser unter ihnen gurgelt. Die Sonne ist verschwunden. Auf der Wiese hinter ihnen geht es lebhaft zu. Sie gehört der ausländischen Bevölkerung von Biel, es hat sich einfach so ergeben. Die Matte ist übersät mit buntem Volk, Familien beim Picknick, Jungen beim Fußball, flirtenden Paaren. In Biel leben viele Schwarze. «Man könnte meinen, wir wären in Afrika», knurrt eine Frau auf ihrem Fitnessparcours zu ihrem Hund hinunter. Wir stehen auf und machen uns langsam auf den Heimweg. Im kleinen Bootshafen haben den ganzen Abend lang kräftige junge Männer an ihrem Achterboot herumgewerkelt. Jetzt ist es startklar, und sie legen los, einer hinter dem andern, die Ruderblätter stechen ins Wasser. Fast lautlos gleitet das Boot in den dunkelnden Abend hinein.

Als sie zu Hause ans Fenster tritt, hat es überraschend angefangen zu regnen. Gottlob waren sie rechtzeitig daheim. Sie hört dem Geräusch der fallenden Tropfen zu. Lange hat es nicht mehr geregnet, die Erde war ausgetrocknet. Es scheint ihr, als würde sie es hören, wie begierig Pflanzen und Bäume das Nass in sich aufnehmen.

12. Worauf es ankommt

Das Wissen, dass der Mensch «seines Bruders Hüter» sein soll und muss (1. Mose 4,9), dass wir aber auch einen Engel haben, der uns behütet, dass wir in der Geschichte der Menschheit unzählige Vorbilder kennen, die uns leiten und uns zur Seite stehen, die uns die Richtung weisen – Menschen, die selbst ihr Leben für andere und für die Utopie von Frieden, Freiheit und Gerechtigkeit hergegeben haben – dieses Wissen fordert uns heraus, stärkt und tröstet uns.

Der zunehmende Verlust der Religion ist ein unermesslicher Schaden, denn in der Religion ist aufgehoben, worauf es am Ende ankommt. Heute stehen wir in der Gefahr einer Banalisierung unserer Existenz und eines endgültigen Materialismus. Die Lichter scheinen gelöscht, wir sausen ohne die Richtung zu kennen durch dunkle Tunnels.

Wir brauchen Menschen, die mit Freude, Leidenschaft und Hingabe an die Fürsorglichkeit und an die Erhaltung der unberechenbaren Vielfalt des Lebens glauben, Menschen, die wissen, dass in der Welt stets Dinge geschehen, die niemand vorausgesehen hat oder voraussehen konnte. Das auszuhalten und damit zu leben, dafür braucht es eine weitere Dimension als die der Berechnung und der statistischen Erfassung. Was einer der bedeutendsten Schweizer Denker des 20. Jahrhunderts, Albert Schweitzer, in seiner Theologie als «Ehrfurcht vor dem Leben» festgehalten hat, lässt sich nicht allein wissenschaftlich erfassen. Das Lachen und das Singen, das sich Freuen, einander Trösten und in Liebe Umarmen, darf nicht ans Ende gekommen sein.

Wenn heute ganz normale Menschen danach gefragt werden, was ihnen im Leben das Wichtigste sei, sagen sie häufig: «Ich möchte einfach ich selber sein.» Diese Antwort legt nahe, dass der Mensch sich langsam abhanden kommt. Sich deshalb eine Selbstverwirklichung mit all den heute zur Verfügung stehenden Techniken zum Ziel zu machen, kann aber nur schiefgehen. Man verwirklicht sich, indem man Verantwortung übernimmt.

Tätige Antwort auf die Anfragen einer bedürftigen Welt, sei es in direkter Nähe oder irgendwo weit entfernt, gibt dem Menschen die Würde, die ihm zugedacht ist. Eine fast mechanistische Handhabung aller menschlichen Vorgänge beraubt ihn seiner Einzigartigkeit. Sich seine Einzigartigkeit zu erhalten und trotzdem für die Anliegen der Gemeinschaft offen und tätig zu sein, braucht eine Widerstandskraft, die geerdet sein muss.

«Wenn ich weissagen könnte und wüsste alle Geheimnisse und alle Erkenntnis; und hätte allen Glauben, also dass ich Berge versetzte; und hätte der Liebe nicht, so wäre ich nichts. Und wenn ich alle meine Habe den Armen gäbe, und ließe meinen Leib brennen und hätte der Liebe nicht, so wäre mir nichts nütze. Wir sehen jetzt durch einen Spiegel in einem dunklen Worte: dann aber von Angesicht zu Angesicht. Jetzt erkenne ich stückweise; dann aber werde ich's erkennen, gleich wie ich erkennet bin … Nun aber bleiben Glaube, Hoffnung, Liebe, diese drei; aber die Liebe ist die Größte unter ihnen.» (1. Kor. 13, 2–3, 12–13)

Ich weiß nichts Besseres. Immer, wenn ich diesem roten Faden in meinem Leben folgte, ging es mir gut und habe ich vermutlich auch zum Nutzen von anderen gelebt.

Lebensdaten

17. Juni 1932 Geburt von Judith Mathilde als zweitältestes von elf Kindern von Wolfram und Ida (geborene Baur) Blocher in Bonstetten, Wettswil (ZH)
1933 Umzug der Familie nach Laufen am Rheinfall (ZH)
1938–1948 Primar- und Sekundarschule in Uhwiesen (ZH)
1948–1949 Mithilfe im elterlichen Haushalt
1949–1950 Haushaltungslehrjahr bei Familie Rudolph in Oberalbis (ZH)
1950–1953 Mithilfe im elterlichen Haushalt, dazwischen Vorpraktika für den Besuch der Schule für Soziale Arbeit Zürich (Pflegerinnenschule Zürich, Jugendsekretariat Andelfingen, Auslandaufenthalte in Deutschland und Frankreich)
1954–1956 Ausbildung zur Sozialarbeiterin in der Schule für Soziale Arbeit Zürich, Diplom
1956–1960 Sozialarbeiterin in der Gemeindefürsorgestelle Dietikon (ZH)
1958–1961 Versuch der Vorbereitung auf die Matur bei der AKAD, Abbruch kurz vor der Matur
1961–1962 Stellvertretung der Leiterin der Gemeindefürsorgestelle Muttenz (BL)
1962–1969 Umzug nach Basel und Leitung der Frauenberatungsstelle des Basler Frauenvereins am Heuberg
1956–1967 Psychoanalytische Therapie bei Dr. Peter Mohr, Direktor der Psychiatrischen Klinik Königsfelden (AG)

1956–1968 Verschiedene Fortbildungen in der Praxis der sozialen Arbeit: höhere Fachkurse für soziale Einzelhilfe, Besuche von Vorlesungen an der Universität Zürich (Psychologie, Philosophie, Theologie), Besuch von Seminaren und Kolloquien in der psychiatrischen Universitätsklinik Basel

1965–1979 Nebenamtliche Dozentin für Geschichte des Sozialwesens, Methoden der Einzelfallhilfe und Berufsethik an der Schule für Sozialarbeit Gwatt (BE), vereinzelt an den Schulen in Zürich, Basel und St. Gallen

1969–1971 Ausbildung zur Supervisorin an der Schule für Sozialarbeit Zürich, Diplom

1971–1972 Umzug nach Kilchberg (ZH). Teilzeitmitarbeiterin an der Abendschule für Sozialarbeit Zürich, Dozentin für Geschichte des Sozialwesens und Methoden der Einzelfallhilfe

1972 Tod des Vaters

1972–1976 Sozialarbeiterin bei der Jugendanwaltschaft Horgen (ZH) in Teilzeit

1971–1999 Freiberuflich in Teilzeit Arbeit als Supervisorin in der Praxis der Sozialarbeit, verschiedene Fortbildungen im In- und Ausland. Vorstandsmitglied der Evangelischen Heimstätte Boldern (ZH). Mitarbeit für und an Tagungen

1979 Tod des Bruders Martin

1979–1986 Leitung der Abteilung Fort- und Weiterbildung der Schule für Soziale Arbeit Bern

1980 Heirat mit Sergio Giovannelli, geboren 1935, aus La Spezia in Italien, von Beruf Feinmechaniker

1986–1999 Freiberufliche Tätigkeit in Einzel- und Gruppensupervision, Kurse zur Vorbereitung der Pensionierung, unter anderem für die Stadt Bern, die SBB und für mehrere Spitäler, Kurse zur Standortbestimmung von Frauen über fünfzig

1984–1986 Weiterbildung für leitende Mitarbeiter in Organisationen und Institutionen (SAAP), Diplom

1984–1989 Mitglied des Stiftungsrats der Stiftung Gertrud Kurz, Initiantin und Mitverfasserin des Aufrufs *Wir wollen keinen neuen Stacheldraht*, Mitbegründerin der Presse- und Informationsstelle Gertrud Kurz zu Fragen der Flüchtlingspolitik

1987–1993 Präsidentin der Sozialkommission der Schweizerischen Krebsliga Bern, Mitglied des Zentralausschusses

1993–1998 Redaktionsmitglied des *Saemann* der reformierten Kirche des Kantons Bern

1987–1993 Präsidentin der regierungsrätlichen Kommission des Kantons Bern zur Abklärung von Härtefällen bei abgewiesenen Asylbewerbern

1994 Tod der Mutter. Operation eines Neurinoms, Verlust des Gehörs im rechten Ohr und Beeinträchtigung des Gesichtsnervs. Umzug nach Ins

2000 Tod der Schwester Sophie. Umzug nach Biel

2006 Präsidentin des Nein-Komitees der Region Biel zur Abstimmung über die Revision des eidgenössischen Ausländer- und Asylgesetzes

2008 Tod der Schwester Therese

Werkverzeichnis

Romane und Sachbücher

1994 *Es wär' noch Zeit, etwas zu wagen. Hanni Schilt erzählt ihr Leben.* saeedition Bern.
1999 *Das gefrorene Meer.* Roman. Pendo Verlag Zürich.
2002 *Das ferne Paradies.* Roman. Pendo Verlag Zürich.
2004 *Das Glück der späten Jahre. Mein Plädoyer für das Alter.* Pendo Verlag Zürich.
2007 *Woran wir wachsen. Erfahrungen eines Lebens.* Pendo Verlag Zürich.
2010 *Die einfachen Dinge. Worauf es im Leben ankommt.* Nagel & Kimche Verlag Zürich.

Fachpublikationen zur Sozialarbeit (Auswahl)

1975 «Der Beruf der Sozialarbeiterin – ein Beitrag zur Frauenemanzipation», in: *Fachzeitschrift Sozialarbeit*, Nr. 10/1975.
1975 «Sachhilfe als integraler Bestandteil der Sozialarbeit», in: *Schriftenreihe Berufsverband der Sozialarbeit*, Heft 18/1975.
1977 «Konfrontiert mit dem Leiden», in: *Fachzeitschrift Sozialarbeit*, Nr. 11/1977.
1985 «Die ethischen Ansprüche in der Sozialarbeit und die gesellschaftliche Wirklichkeit: ‹Soll ich meines Bruders Hüter sein?›», in: *Deutsche Fachzeitschrift Soziale Arbeit*, Nr. 8/1985.
1986 Brack/Giovannelli/Steiner: «Freiwillige Tätigkeit und

Selbsthilfe aus der Sicht beruflicher Tätigkeit», in: *Schriftenreihe Sozialarbeit*, Nr. 5, Haupt Verlag Bern.

1987 «Nachtgedanken über Asylsuchende in der Schweiz», in: *Zeitschrift Neue Wege*, Nr. 4/1987.

1989 «Grenzüberschreitungen in der Sozialarbeit», in: Referat zum Jubiläum 20 Jahre Abendschule der Schule für Soziale Arbeit Zürich. *Jahresbericht der Schule für Sozialarbeit Zürich*.

1994 «Mitleid als Notwendigkeit», in: *Reformatio – Zeitschrift für Kultur, Politik, Religion*, Nr. 4/1994.

1997 «Armut und soziale Ungerechtigkeit in der Schweiz», in: *Zeitschrift Neue Wege*, Nr. 5/1997.

2003 «Berufsbilder der sozialen Arbeit in der Schweiz – ab 1920 bis heute. Ein Streiflicht auf die Geschichte», in: *Sozial Aktuell*, Nr. 9/2003.

2011 Beitrag und Interview in: «*Wir haben die soziale Arbeit geprägt.» Soziales Wirken in der Schweiz seit 1950 – Zeitzeuginnen und Zeitzeugen erzählen*. Hg. von AvenirSocial. Haupt Verlag Bern.

Inhalt

Vorwort 7
1. Die Büchse 9 · Die Rose 20
2. Kindheit und Familiengeschichtliches 26
   Die Stiefmütterchen 47
3. Mithelfen im Großhaushalt 60 · Eisbonbons 67
4. Praxisjahre 72 · Irr- oder Umwege? 97
5. Stille Zeiten 100 · Allein 116
6. Ein Neubeginn 124 · Was wir in uns unterdrücken, können wir in andern nicht wecken 134
7. Übergänge 138 · Rote Farbe 153
8. Heirat 156 · Am Meer 171
9. Schicksalsschläge und Spaltungen in der Familie 175 · Im Weglosen 194
10. Fruchtbarer Lebensherbst 197
    Wie ging es denn dir dabei? 228
11. In der Gegenwart leben, zurückblicken, vorausschauen 231 · Nie leuchtet der See schöner 239
12. Worauf es ankommt 242

Lebensdaten 245
Werkverzeichnis 248

Judith Giovannelli-Blocher
Die einfachen Dinge
Worauf es im Leben ankommt
160 Seiten, gebunden
ISBN 978-3-312-00459-1

Viele Menschen erleben die heutige Welt als beängstigend, weil wichtige Werte der bürgerlichen Gemeinschaft zu verschwinden scheinen: soziale Verantwortung, Rücksicht, Fairness, Solidarität, Mitleid. Die Geschichten von Judith Giovannelli-Blocher handeln von diesen Tugenden und davon, welche wesentliche Rolle sie im praktischen Alltag spielen. Gerade dadurch sind die Geschichten glaubwürdig, realitätsnah, bieten anschaulich Hilfe und Orientierung; jeder kann sie nachvollziehen und in eigene Erfahrungen übersetzen. Sie handeln von Freundschaft, von Verantwortung und von Familiensinn. Sie handeln von der Verunsicherung bei der Begegnung mit Fremden, aber auch von der Fähigkeit, sein Leben in die Hand zu nehmen, am Beispiel eines Manns, der seine Frau, die ihn verlassen hat, gezielt zurückerobert.

Ein klares, authentisches und starkes Buch, das Mut macht und die Gültigkeit grundlegender Werte neu erschließt.

«Ein Buch, das Mut macht und tröstet.»
Frankfurter Neue Presse

N&K

Wilfried Meichtry
Verliebte Feinde
Iris und Peter von Roten
656 Seiten, gebunden, mit Abbildungen
ISBN 978-3-312-00524-6

Es ist eine außergewöhnliche Liebes- und Ehegeschichte und dazu eine private, politische und kulturelle Zeitgeschichte der Schweiz im 20. Jahrhundert: Die Paarbiographie einer radikalen Frauenrechtlerin und eines ungewöhnlichen katholischen Intellektuellen. «War Peter ein Aristokrat von Geburt, so Iris eine Adelige des Geistes. Sie brauchten einander gegenseitig. Hier der Mann, von Konventionen gefesselt – dort die Frau mit mörderischen Idealen. Zu lesen ist diese faszinierende Doppelbiographie wie ein historischer Roman zur Geschichte der Schweiz und zur genaueren Kenntnis von Frauen, die nicht anders konnten, als mit dem Kopf gegen die Wand zu rennen.»
Katharina Rutschky, *Frankfurter Rundschau*

Ausgezeichnet mit dem Berner Buchpreis 2007.
2011 wurde das Buch verfilmt unter dem Titel *Verliebte Feinde* (Drehbuch: Wilfried Meichtry, Regie: Werner Schweizer), Schweizer Kinostart 2012.

«Für jeden, der sich, ewig unentschlossen, nicht traut, lebendig zu sein, ist dies die richtige Lektüre.»
Elisabeth von Thadden, *Die ZEIT*

N&K

Milena Moser
Montagsmenschen

Roman, 400 Seiten, gebunden
ISBN 978-3-312-00496-6

Immer montags treffen sich vier Menschen zum Yoga-Kurs. Eine von ihnen ist die Kursleiterin. Sie hat ihrem Körper immer alles abverlangt, und plötzlich erhält sie ein unheilvolle Diagnose. Eine der Schülerinnen ist vom Alltag überfordert und versucht ihm zu entkommen, indem sie freiwillig ins Gefängnis geht. Und einer ist ein Lehrer, der in einem reinen Frauenhaushalt aufwuchs und mit dem anderen Geschlecht seither seine Mühe hat. Sie alle hoffen im Yoga einen Ruhepunkt für ihr ausser Kontrolle geratenes Leben zu finden. Spannend, mit Witz und großartiger Beobachtung verknüpft Milena Moser die unterschiedlichen Schicksale, Hoffnungen und Wünsche von vier Menschen zu einem tragikomisch-furiosen Lebens- und Liebesdrama.

«Man kann in diesem Roman finden, was man will: Spannung, Unterhaltung, Tragik, die pure Komödie und einen Krimi. Der Roman hat nur einen Mangel: Er ist nach 464 Seiten zu Ende.»
Tania Kummer, *Schweizer Radio DRS*,
über Milena Mosers jüngsten Roman *Möchtegern* (2010)

N&K